시대의 격랑을 헤쳐나간 젊은 영혼들의 기록

젊음이여, 오래 거기 남아 있거라

시대의 격랑을 헤쳐나간 젊은 영혼들의 기록

젊은이여, 오래 거기 남아 있거라

황광우 지음

창비

매화 향기보다 더 그윽한 아들의 넋을 역사의 신전에 올린

고 박종철 군의 어머님, 아버님께

이 글을 바칩니다.

서울시청 앞 이한열 장례식에 모인
100만 인파. ⓒ박용수

들어가며

1987년 7월 한 학생의 저승 가는 길이 슬퍼서 100만 민중이 모였다. 아무리 생각해보아도 이것은 여느 역사에서 찾을 수 없는 독특한 사건이었다. 1924년 러시아의 위대한 혁명가 레닌이 뇌일혈로 쓰러졌을 때, 끄레믈리 궁에 그렇게 많은 인파가 모이지는 않았다. 1948년 인류의 성자 간디가 저격당해 죽었을 때, 그의 장례행렬에 이렇게 많은 군중이 모이지는 않았을 것이다.

이한렬은 혁명의 지도자도 아니고 인류의 성자도 아닌 그냥 스무 살의 무명 학생이었다. 그런데 100만의 인파가 그의 주검을 싣고 떠나는 운구차의 뒤를 따랐다. 연세대에서 시청 앞 광장까지. 억지로 나온 이는 없었다. 모두 자신의 발로 걸어온 사람들이었다. 어디서부터 흘러온 역사의 강물이 여기까지 온 것일까?

나는 1958년 개띠로 태어났다. 내 아들 녀석은 1985년 소띠로 태어났다. 나는 1960년에 일어났던 4월 혁명을 모른다. 마찬가지로 내 아들 녀석은 1987년에 일어났던 6월 민중항쟁을 모른다. 1987년 이한렬을 보내는 시청 앞 노제에서 나는 아들을 목마 태우고 광장 분수대 옆에 자리를 하였다. 그런데 아들에게 이 기억이 없다.

우리는 한국전쟁의 이야기를 책으로만 배웠다. 1950년 삼촌이 완도 앞바다에 수장(水葬)당하고 아버지가 강원도로 징용 간 가족의 비극을 실감할 수 없다. 마찬가지로 나의 아들은 광주 학살의 참극을 실감하지 못한다. 그 일로 큰아빠가 중이 되고, 둘째 큰아빠가 죽음의 고문을 당하고, 제 아버지가 자신과 함께 12년의 지하생활을 했음에도 불구하고, 아들은 어린 시절 자신의 삶을 광주민중항쟁과 연관짓지 못한다.

아들은 자기가 살고 있는, 자기 부모 세대들이 일구어온 사회, 경제, 정치, 문화적 토대를 의식하지 못한다. 그저 주어져 있는, 하늘에서 뚝 떨어진, 고정불변의 물화(物化)된 조건이다. 우리가 일구어온 지난날의 일들을 현대사에서 읽어본들 무엇을 느낄 것인가? 모든 역사는 잠긴다. 다만 역사의 공식적인 어떤 것, 지극히 표피적인 몇 가지 신호들만이 역사의 강을 건너는 뗏목 역할을 할 뿐이다.

역사가는 역사의 밖에서 역사를 보지만 실천가는 역사 속에서 역사를 만진다. 마오 쩌뚱은 에드거 스노우가 있어 행복하였다. 대장정을 함께한 작가가 있어 그들의 호흡과 냄새를 기록하여주었기 때문이다. 김산은 님 웨일즈가 있어 행복하였다. 김산은 자신의 체험을 웨일즈에게 구술만 하면 되었기 때문이다. 뜨로쯔끼는 『러시아 혁명사』를 작성하면서 자신의 살을 드러내는 이들의 부끄러움을 겪지 않았을 것이다.

쑥스럽고 몸 둘 바를 모르겠다. 내가 경험한 진실을 기술하려다 보니 자전적 형식의 글이 되어버리는 것이다. 함께 땀을 흘렸던 '또 다른 나'들의 체험을 동시에 기술하고자 노력했으나, 어차피 자기중심성의 오류를 벗어나기는 힘들 것 같다.

과거는 사라지는 것이 아니다. 잠기는 것이다. 지금 우리의 몸속에 잠겨 있는데 우리는 느끼지 못할 뿐이다. 자각하지 못할 뿐, 현재는 과거다. 현재는 과거이자 열린 미래로 흘러가는 '꿈틀거리는 마그마'라는 점에서 과거와 다를 뿐이다.

우리는 과거에서 어떤 교훈을 끌어내고 싶지 않다. 역사에서 필연이란, 과거를 살해하고 난 뒤 죽은 시체에서 꺼낸 뼈다귀일 뿐이다. 그것은 생명체가 아니다. 나는 청년들로 하여금 심장이 불끈불끈 뛰었던 우리의 과거를 생생하게 있는 그대로 만지게 하고 싶다.

모든 관념은 사라질 것이며, 이곳에서는 오직 사실만이 존중받을 것이다. 숨을 쉬고 똥을 싸며 살아가는 생명의 사실들 말이다. 독자들이 우리의 젊은 날 이야기를 들으며 소설처럼 삶의 호흡을 느끼면서, 철학처럼 삶의 근본을 사유하는 뜻있는 기회를 만난다면 더 바랄 게 없겠다.

마지막으로 이 책의 제목은 윤동주의 시 「사랑스런 추억」의 한 구절에서 빌려왔음을 밝힌다. 젊음이여, 오래 거기 남아 있거라.

2007년 5월

황광우

차 례

새는 알을 깨고 나와야 한다

알은 새계이다

태어나고자 하는 모든 이는 하나의 세계를 파괴해야 한다

제1부

1

인연

01 망원동의 추억

서울엔 망원동이라는 마을이 있다. 광주 망월동은 세상을 떠난 이들의 백골이 묻혀 있는 공동묘지이지만, 서울 망원동은 아직 세상에 남은 가난한 이들이 부지런히 일상의 삶을 이어가는 터전이다. 망원동의 연립주택 지하방은 방값이 아주 저렴하다. 나는 싼 방세를 물어물어 이곳으로 흘러 들어온 적이 있다. 평창동의 부동산 중개소부터 셋방을 묻기 시작한 것이 홍제동을 지나 연제동을 지나 마포의 망원동까지 다다른 것이다.

1987년 3월이었을까? 세 살짜리 아들과 그의 어머니와 아버지 이렇게 셋이서 지하 단칸방에 조촐한 살림을 차렸다. 살림이라곤 기저귀 담아둘 고동색 목재 서랍과 옷과 이불을 넣는 노란 비닐 옷장. 방 안 구석에 변기가 있어, 물이 지하에서 지상으로 올라가는 것이다. 단칸방의 저쪽 꼭대기엔 조그만 창문이 달렸는데, 이 창문이 지상의 바람이 드나드는 유일한 통로였다. 살림을 차린 것이 아니라 숨은 것이다.

우리들은 철이 없었다. 이 지하방에서 아침부터 저녁까지 회의를 하면서 끔벅끔벅 담배를 피워댄 것이다. 아파트 안에서도 담배를 피우지 못하게 하는 오늘의 실정에 비추어보면 그때 우리는 야만인이었다. 세 살짜리 아이와 이제 서른의 고개를 넘어가는 새댁이 거처하는 지하방에 들어와 자기들 맘대로! 여섯 명의 사내들이! 그것도 온종일! 담배를 피워댔으니 말이다. 이 밀실에서 다가오는 6월 민중항쟁을 이끌 지하 지도부가 회합을 한 것이다. 하지만 목적이 수단을 정당화하지는 않을 것이다. 그 후 아들은 코피를 한 대야 쏟았다.

5월 어느 날부터인가, 아내가 실성(失性)하기 시작하였다. 그럴 만도 했다. 치안본부, 안기부, 광명경찰서 온갖 형사들이 나를 잡으러 광란의 수색을 하던 시절이었으니 말이다. 형사들은 내 어머니 집에 들어와 아예 죽치고 사는가 하면, 사촌 팔촌들의 집까지 무시로 쳐들어와 집을 뒤졌고, 이제는 처갓집까지 뒤지기 시작하였다. 독산동에서 제법 잘 나가는 인쇄소를 경영하던 큰처남의 사무실에 안기부 요원들이 상주하였다. 이 일로 장모님이 쓰러지셨다. 고생은 우리들만 하면 되는데, 나 때문에 친족, 외가 그리고 처가까지 고생을 한다는 소식이 들려오면 가슴이 무너져 내렸다.

"여보, 집 앞에 형사가 지키고 서 있어요! 어떻게 해?"

정신 나간 소리였다. 형사가 왜 집 입구에 서성거려? 그냥 나를 체포하면 끝인데.

지하방에서 계단을 오르면 연립주택의 입구가 나온다. 나가 보니 1층 주인집 아저씨가 파자마 차림으로 아침 바람을 쏘이고 있었다. 아내의 눈엔 집 앞에 주차한 검은 차는 모두 형사 차로 식별되었고, 이유 없이 집 근처를 오가는 모든 남자들이 다 형사로 간주되었다.

아내의 경계심은 나의 방만을 이기고 우리가 그 오랜 세월 동안 수배망을 뚫고 나아갈 수 있었던 원초적 요인이었다. 하지만 주인집 아저씨를 형사로 오인하는 이것은 분명 실성이었다.

하루는 귀가하여 보니 아내가 울고 있는 것이다.

"무서워요!"

"여보, 무섭긴 뭐가 무서워. 괜찮아."

지하방과 지상을 연결하는 조그만 창문의 커튼을 나뭇가지로 젖히고 들여다보는 청년들이 있다는 것이다. 누가 지하방을 들여다보면, 지하 사람들은 불쾌하다. 때는 여고생 납치가 극성을 부릴 시절이었다. 그런데 굵직굵직한 사내아이들이 안방을 째려본다는 것이다. 사내들의 동공에 노출된 이 사람은 여인이다.

"뭐, 별거 아니잖아?"

나는 무감하게 대답하였으나, 생각만 하더라도 소름 끼치는 저 1987년 5월이었다.

그해 6월 29일 우리들은 '오늘처럼 좋은 날'을 맞이하여, 이제 다시는 '신새벽 뒷골목 흐느끼며 남몰래 쓰지 않아도 되는' 민주주의를 위하여, 다방에서 공짜 차를 마시고, 주막에서 막걸리를 나누어 먹었다. 6월 29일은 우리가 지하에서 지상으로 올라간 날이었다.

우리가 지하방을 떠난 한 달 후 홍수가 났다. 한강이 범람하였다. 한강의 수위보다 더 낮은 망원동은 제일 먼저 물바다가 되었다. 고양에선 돼지들이 물난리를 피하여 지붕 위에 올라 멀뚱멀뚱 물바다를 보았다. 만일 6월 항쟁이 7월 항쟁이었다면, 우리는 지하방에서 그대로 익사하였을 것이다. 더 이상 올라갈 곳이 없었다.

o2 연혁

군대 간 형(황지우 시인)이 파주의 어유지리에서 돌아온 것은 1976년 가을이었다. 어유지리는 임진강의 절벽을 끼고 있는 아름다운 마을이다. 그 당시 나는 어머니와 함께 서울의 빈민가 신림동 단칸방에 살면서 종로학원을 다니고 있었다. 그 좁은 방으로 형이 돌아온 것이다. 돌아오자마자 형은 밤새 끼적거렸다. 군대에서 한 마리의 새를 붙들고 왔던가. 그해 가을 서울대 『대학신문』에 시 「귀소의 새」를 발표하였다.

　　새여
　　돌아오다니
　　부끄럽다

　　비겁한 새여
　　너희가 들어갈 관을 머리에 그리며
　　이장된 새 무덤의 자리에
　　앉는 새여

　　이곳은 더럽혀지지 않아
　　앉을 수 없다
　　이곳은 벌레의 냄새가 없다
　　이곳은 벌레의 노래가 없다
　　이곳은 벌레의 울부짖음이 없다

　　나뭇잎들은 예정의 방향으로 끌려가고
　　너희는 이미 너희의 연대를 잃었다
　　돌아온 새여
　　부끄럽구나

1977년 2월에 형은 결혼식을 올렸다. 숙대 앞 청파동에 신혼살림을 차렸다. 그해 조카 찬이를 얻었고 이듬해 형네는 신림동 시장통 골목길로 이사하였다. 형의 집은 하숙집이나 다름없었다. 형은 매일 벗들과 술을 먹었고, 형수님은 친구들의 아침 해장국까지 담당하였다. 형은 그해 9월 『대학신문』에 수필을 한 편 실었다. 「사육된 세대」이다.

대학이 몰락하고 있다. 창조와 비판의 고통을 회피하는 대학은 타락하고 만다. 가장 심각한 것은 교수와 학생 사이를 연결하는 동질의식의 파괴이다. 근래 노교수 앞을 지나며 인사하는 학생을 본 적이 없고, 교수는 학생을 귀찮아한다.

본교의 재학생들. 그들은 사육된 세대다. 이미 오래전부터 그들은 울안에서 길들여졌었다. 그들은 지나치게 교육을 많이 받았다. 그들은 이미 모든 것을 알았다. 어떻게 해야 살아남을 수 있는가를 빨리 터득했다. 하급동물일수록 생존에 대한 촉각은 민감한 법이다.

그들은 나약하고 교활하다. 이제 그들은 백만 평의 대규모 사육장에서 사는 것이 행복하다. 이렇게 선택된 것이 무척 자랑스럽고 아슬아슬하고 즐겁다. 그들은 이제 즐기는 일밖에 남아 있지 않다. 보장받은 생활과 부유의 환상을 꿈꾼다.

그들은 눈에 보이지 않는 내출혈을 앓고 있다. 중증이다. 그들의 진단서는 다음과 같이 쓰인다. ① 순응성 과다증 ② 사유의 단순성 ③ 지적 모험 결핍증 ④ 선천적 회귀성 ⑤ 향락성 여성호르몬 분비증 ⑥ 문제의식 마비증.

1979년 늦가을 형은 또 끼적거리기 시작했다. 솔섬, 장독, 목선 등등

의 시어들이 아름다웠다는 기억만 난다. 어느 날 형은 나를 불러놓고, 그동안 쓴 몇 편의 시들을 노란 서류 봉투에 담아주었다.

"우체국에 가서 부치고 와. 절대 다른 사람에게 발설하지 말고."

나는 앞의 말은 알아들었지만, 뒤의 말은 알아듣지 못하였다. 그게 시인의 타고난 부끄러움이었다는 것을 한참 뒤에나 알았다. '일간지 신춘문예에 응모해놓고 떨어져버리면 무슨 창피냐.' 얼마 후 『중앙일보』는 1980년 신춘문예 당선작으로 「연혁(沿革)」을 공개하였다. 형의 처녀

작은 부끄러움으로 세상에 등장하였다.

　선달 스무아흐레 어머니는 시루떡을 던져 앞 바다의 흩어진 물결들
을 달래었습니다. 이튿날 내내 청태(靑苔)밭 가득히 찬비가 몰려왔습니
다. 저희는 우기(雨期)의 처마 밑을 바라볼 뿐 가난은 저희의 어떤 관례
와도 같았습니다.

「연혁」은 시인이 살아온, 무의식의 저층에 침전된 어린 시절의 회상이기도 하지만 동시에 그것은 불과 6개월 후에 다가올 자신의 미래에 대한 소름 끼치는 투시였다.

어머니는 저를 붙들었고 내지(內地)에는 다시 연기가 피어올랐습니다. 그럴수록 근시(近視)의 겨울 바다는 눈부신 저의 눈시울에서 여위어갔습니다. 아버님이 끌려가신 날도 나루터 물결이 저렇듯 잠잠했습니다.

1948년 10월 "아버님이 끌려가신 날"처럼 형은 끌려갔다. 아버지가 대구 10월 반란의 여파로 해남경찰서에 끌려갔다면, 아들은 광주민중항쟁의 여파로 성북경찰서에 끌려간 것이다. 독기가 시퍼렇게 달아오른 1980년 6월의 성북서로!

저는 어느 외딴 물나라에서 흘러 들어온 흰 상여꽃을 보고는 했습니다. 꽃 속이 너무나 환하여 저는 빨리 잠들고 싶었습니다.

아무도 광주의 비극을 예견하지 못하였던 그 시기, 1979년 늦가을, 시인은 빨리 잠들고 싶은 충동에 붙들린 것이다. 나는 이 시를 대할 때마다 시인의 예언자적 투시력에 놀란다.

o3 운명

1980년 5월 18일 계엄령이 확대, 포고되자 그날 아침 형과 나는 어머님께 하직 인사를 드리고 집을 나섰다. 약속한 대로 서울대생들은 학교에 집결하기로 하였으나, 내가 버스에서 본 정문 앞은 공수부대의 집결지였다.

공식 일정이 사라지고 할 일이 없어지면 젊은이는 애인을 찾는다. 서초구 반포아파트에 살고 있던 경옥 씨를 만나러 갔다. 흑석동 중앙대앞 다방이었을까. 고향 광주에 내려가기 전 한 번이라도 더 보고 싶은 욕망에 나는 애인을 만났다. 그리고 이제 가면 언제 올지 모르는 상황에서 강화도 전등사행 버스를 타자고 제안했다. 졸랐다.

그렇게 이틀을 보내고 5월 20일 광주행 버스를 타기 전 광주 큰형님께 전화를 드렸다. 전화는 충격적이었다.

"광주가 피바다가 되부러쑹께 내려오지 마."

멍멍했다. 갈 곳이 없었다. 다시 애인을 불러내었고, 애인은 친구 현주를 불러내었다. 현주의 집은 성북구 미아리에 있었다. 본가에서 조금 떨어진 곳에 딸들에게 독립가옥을 마련해주었다. 우리 같은 떨거지들에겐 안성맞춤의 곳, 자유의 거처였다. 이곳에서 나는 정석구 형과 이영목 형과 현주 씨, 경옥 씨와 더불어 그 소중한 엿새를 놀아버렸다. 언뜻, 광주 소식은 들었으나, 무엇을 어떻게 해야 하는 것인지 몰라 방탕의 엿새를 보냈다. 텔레비전에서는 연일 광주의 폭도들을 흘려보냈다. 살면서 이처럼 거짓과 진실이 전면적으로 전도되는 것을 처음 목격하였다. 끓었다.

한국은행에 다니던 안평수 선배를 만났다. 그는 독일 신문 『슈피겔』에 실린 광주 기사들을 우리에게 보여주었다. 진실은 알려야 한다. 나는 안기석의 자취방을 찾았다. 안기석은 철학과 친구 박윤배를 불러내었다.

청와대 뒷산이 보이는 세검정의 평창동, 윤배의 집이 우리의 인쇄공장이 되었다. 박윤배는 등사 인쇄를 담당하고, 나와 안기석은 유인물 살포의 역을 맡았다. 늘 그러했지만 친구들은 나보다 먼저 체포되었다.

친구 유대기의 자취방을 찾았다. 유대기는 나와 얽힌 인연으로 세 번이나 감옥에 간 친구이다. 바로 이때 그와 나는 두 차례의 공범이 되었다. 대기는 감당하기 힘든 일인 줄 알면서도 친구의 제안을 거부하지 않는, 우직한 부산 촌놈이었다.

"천려일실(千慮一失)이야. 광우, 니, 개미구멍에 둑 무너지는 것, 알제?"

대기는 나에게 조심히 뿌릴 것을 무엇보다 강조, 거듭 경고하였다. 유인물을 가슴에 품고 낙골 언덕으로 올랐다.

유인물을 뿌리려면 몇 가지 기본 수칙을 지켜야 한다. 골목길에서 유인물을 뿌릴 땐, 먼저 깊숙이 들어가 골목길을 나오면서 뿌려야 한다. 유인물이 집에 투입되면 개들이 짖고, 개들이 짖으면 주인이 나온다. 주인은 투입된 삐라를 보고 간첩 신고 113을 친다.

대기는 담대한 친구였으나, 요령이 부족하였다. 밤 열두 시쯤 다 뿌리고 내려오는데, 낙골 입구 파출소 앞에 순찰차 한 대가 붉은 등을 번쩍이며 대기하고 있는 것이 아닌가! 오마나. 그날 유대기는 남부경찰서에 끌려가 허리를 잘못 얻어맞고 오랫동안 허리 고생을 하게 되었다.

나는 유인물 살포 선수였다. 대학 2학년 시절에 버스 환기통을 이용한 유인물 살포법까지 익힌지라, 유인물 뿌리는 수법에서 나는 프로였다. 청량리에서 동대문으로 가는 버스를 탄다. 버스가 정거장에 다가와 멈추려는 즈음 환기통을 연다. 버스가 정지하기 직전(!) 유인물 한 뭉치를 환기통 앞쪽에 얹어놓는다. 환기통을 닫고 얼른 버스에서 내린다.

내리는데 손님이 올라타는 경우가 있다. 그땐 주저하지 않고 출입문 손잡이를 양손으로 잡고선 훌쩍 공중으로 뛰어올라 내린다. 내리는 것이 아니라 날아버리는 것이다.

올라오는 손님은 놀라겠지만 다시 버스는 출발한다. 처음에는 한 장 두 장 바람에 나부끼듯 유인물이 떨어진다. 기사는 약속이나 한 듯 액셀을 밟아준다. 전진하는 가속도는 환기통 앞에 앉아 있는 유인물을 하늘로 솟구치게 한다. 왜냐하면 환기통 자체가 닫으면 유선형이기 때문이다. 10미터 높이로 치솟는 우리의 유인물을 보면서 나는 미소를 머금은 채 유유히 사라진다. 어디선가 경찰차들이 떼거지로 몰려와 도로에 흩어진 유인물을 줍기 시작한다. 계속 유인물을 살포하고 달리는 버스를 체포한다.

1980년 6월에서 9월까지 나는 광주의 진실을 알리는 유인물을 원 없이 뿌리고 다녔다. 범죄란 하면 할수록 대범해진다. 지하 다방에 내려가 손님들에게 유인물 뭉치를 던져놓고 잽싸게 사라진다. 도서관에 들어가 공공연하게 뿌리고선 사라진다. 대학교 캠퍼스 화장실은 가장 안전한 유인물 배급소다. 화장실에다 유인물을 두고 오는데 누가 잡아?

역시 유인물을 뿌리는 작업에서 가장 힘든 것은 빈민가 가택 배포이다. 밤 열 시부터 한 장씩 한 장씩 신문 넣듯, 대문 안으로 넣다 보면 신경질이 난다. 부수가 줄어들지 않기 때문이다. 미아리 길음동에선 새벽 동이 틀 때까지 뿌린 적도 있었다.

산동네는 대부분 나뭇잎 모양의 지형을 하고 있다. 산동네 중심으로 시장이 형성되어 있다. 잎맥 사이로 잔금이 퍼지듯, 산동네 골목길들이 구불구불 퍼져나간다. 봉천동, 사당동, 난곡동, 염리동, 길음동 나의 발이 닿지 않은 산동네는 없다.

한 번은 혼 줄이 난 적도 있다. 산꼭대기 집부터 유인물을 뿌리고 내려오는데 누가 내 목을 후려치는 것이다. 혼비백산, 그대로 넘어졌다. 돌아보니 아무도 없다. 누구야? 어둠 속에서 손을 휘저어보니 빨랫줄

가장 높은 곳으로 올라간 산동네
ⓒ 김기찬

이 손에 잡혔다. 빨랫줄이 뛰어내리는 내 목을 후려갈긴 것이다. 정말 기분 잡치는 날이었다.

o4 어머니의 오열

지하생활의 첫째 원칙은 부모님과 전화 연락을 끊는 것이다. 저들은 부모님 전화를 24시간 도청하고 있기 때문이다. 부모님을 전화로 호출 하는 것은 '나 여기 있으니 잡아가쇼' 투항하는 짓이다. 그런데 사람이 가장 힘들 때 호소할 수 있는 마지막 의지처가 또 부모님이다. 이를 어 이하랴. 그래서 깡패들은 도바리를 오래 견디지 못하고 형사들의 잠복 근무에 잡히는 것이다.

역시 힘든 순간은 호주머니가 비었을 때이다. 호주머니에 지폐 몇 장이 있으면 만화방에서 죽치면 된다. 무항산(無恒産)이면 무항심(無恒心), 안정된 자산이 없으면 안정된 마음이 없다는 맹자의 테제는 진리 이다. 호주머니가 비어가면 풀이 죽고 기가 꺾인다. 수배자는 걸어 다 닐 때 늘 30미터 전방을 주시해야 하는데, 호주머니가 비면 고개가 숙 여진다. 그러다 고개를 들어보면 앞에 경찰이 서 있을 때가 종종 있다.

그때도 그랬다. 광화문 구 서울고 자리 옆에 파출소가 있었다. 길가 에서 신분증을 검사하는 경찰과 마주쳤다.

"신분증 좀 봅시다."

"없는데요."

"잠시 파출소로 가주셔야겠습니다."

(심장이 쿵당쿵당, 다리가 후들후들 떨린다. 여기서 잡히면 죽는다.)

"이름이 뭡니까?"

(순간, 누님의 아들 이름이 떠올랐다.)

"최윤석입니다."

"직장은 어디입니까?"

(조카는 교과서를 제작하는 인쇄소에서 식자공으로 일하고 있었다.)

"대한교과서입니다."

"회사 전화번호를 대세요."

(딱 걸렸다. 오매! 머리를 긁으면서, 아주 순진한 촌놈 표정으로)

"들어간 지 얼마 안 돼 회사 전화번호를 모른디라우."

"집 전화번호를 대세요."

(이 거머리를 어떻게 따돌릴 것인가? 집 전화번호를 모른다고 할 순 없다.)

"520-77○○번이라우."

(거머리는 기어이 집으로 확인 전화를 한다.)

"여기는 경찰인데요. 신원 확인 차 전화를 드립니다.

"댁의 아들이 최윤석 맞습니까?"

"그런디라우, 웬일이요?"

(아들이 직장에 가서 일하는 중이라고 하였다면 나는 현장에서 체포되었을 것이다. 나와 누님은 그렇게 텔레파시가 통해버렸다.)

"죄송합니다. 나가시지요."

토끼 용궁에 다녀온 격이었다. 파출소 문을 나오면서 나는 분한 표정을 지으며 말했다. "이 양반들, 멀쩡한 사람 잡네."

멀쩡한 사람 잡으려고 한 것이 아니었다. 김대중 내란음모 가담자를 경찰은 정확히 잡아놓고 1계급 특진 기회를 놓친 것이다. 바로 그 순간 형은 성북경찰서에서 지옥으로 가는 고문을 당하고 있었다. 형의 육신

만남은 짧고 기다림은 길었던 형제들.
왼쪽부터 지금은 혜당 스님인 큰형 황
승우, 황지우, 황광우.

이 얼마나 망가져버렸던가.

"너 같은 놈 하나쯤은 죽여버려도 끄떡없는 권리를 국가는 나에게
줬단 말야. 알어? 널 믹서기로 갈아 하수구에 흘려버리면 그만이야."

형은 혼절했다고 한다.

그때 형수님께 전화를 걸었다. 돈이 떨어진 것이다. 어머님 말고 유
일하게 호소할 수 있는 피붙이는 형수님뿐이었기 때문이다.

"삼춘, 고생이 많지요? 돈은 필요하지 않아요?"

(하, 웬일일까? 먼저 형수님이 돈을 주신다고 하니.)

"숙대 앞 태양다방에서 한 시에 뵙지요."

(이상하다. 이렇게 일이 잘 풀리다니. 수상하다. 어머님께 다시 전화
를 드렸다.)

"엄니!"

"광우야……"

(어머니는 전화를 받고 울고 있었다. 어머니는 온갖 고난을 뚫고 나온 강자였다. 웬만한 일을 가지고서는 울지 않는 여인이었다.)

전화를 끊고 생각해보았다. 어머니가 왜 우시는 걸까? 이상한 일이다. 원래 나의 계획은 태양다방에 경옥 씨를 보낼 참이었다. 형수님 얼굴을 알고 있으니 말이다. 경옥 씨를 친구 선숙 씨로 대체했다. 가서 형수님이 돈을 주면 받아오고 오지 않으면 그냥 와버리라고 주문했다.

나중에 형수님께 들은 이야기다. 형수님은 이제 삼촌을 체포하게 되었고, 남편을 사경에서 구할 수 있다는 일념에 즉각 성북서로 달려갔다고 한다. 성북서는 형의 목숨과 동생의 목숨을 연좌시켰던 것이다. 동생을 잡아들이면 형을 살려주겠다는 것.

미치고 환장할 일이었다, 어머님에게는. 이대로 아들 하나를 죽도록 내버려 둘 것인가, 아니면 아들 하나를 살리고 또 하나의 아들을 죽게 할 것인가? 어머니는 말할 수 없었다. 가란 말도 못하고 가서는 안 된다고 말하지도 못하고. 그래서 울었던 것이다.

성북서에 당도한 형수님의 환한 표정을 보고 이것이 쇼라고 형사들은 의심하지 않았을 것이다. 성북서에서 숙대 앞으로 달리는 경찰차 안에서 형수님은 울었다고 한다. 한없이 울었다고 한다.

태양다방에 나타나기로 한 삼촌은 나타나지 않았다. 한 시간이 지나갔다. 두 시간이 지나갔다. 세 시간이 지나갔다. 네 시간이 지나갔다. 형사들이 먼저 형수님께 일어서자고 했단다. 그날, 형의 육신은 악마의 손에서 풀려났다. 고문 15일째.

o5 광주의 슬픔

아직 나는 광주민중항쟁에 대해 잘 모른다. 그날 전국의 학생들이 각 대학에 집결하여 제2의 항쟁을 전개하자고 결의하였던 것으로 안다. 그런데 왜? 유독! 광주의 전남대생들만 그 약속을 지켰던가? 계림동파출소 앞에서 왜 최초의 총성이 울렸던가? 1980년 5월 20일 밤, 이름도 모르는 시신 두 구가 왜 광주 신역 앞에서 발견되었던가? 그들은 누구였나?

나는 현장에 없었으므로 모른다. 큰형님의 진술에 의거하여 그날 만신창이가 된 광주를 간접 기억할 따름이다.

공수부대가 투입된 5월 18일 큰형님은 시내에 나갔다. 대인동 공용터미널 근처 제재소에서 각목을 사놓고 함석을 사러 양동시장으로 가는 중이었다. 한참을 걸어가고 있는데, 공수부대원 셋이서 한 청년을 바짝 뒤쫓고 있더라는 것이다. 한 손에는 대검을, 다른 한 손에는 살상용 곤봉을 든 군인들이. 청년은 몇 걸음 못 가서 내리치는 곤봉을 맞고 픽 쓰러졌다. 군인들은 신속하게 칼을 빼서 청년을 쑤셨다.

금남로에 다다랐다. 공수부대원들이 학생들을 잡아다 아스팔트 바닥에 얼굴을 박게 하곤 학생들의 어깻죽지를 대검으로 푹푹 찔렀다. 학생들은 맥을 못 추고 축 늘어졌다. 곤봉과 군홧발로 얼굴을 짓이기고 곤죽을 만들고 있었다.

그렇게 공수부대원들은 광주를 도살장으로 만들었다. 서울은 조용하였다. 그러나 광주는 무릎 꿇지 않았다. 이것이 서울과 광주의 차이이다. 광주민중항쟁 당시 머리에 총을 맞고 쓰러진 후 기적처럼 살아난 한 사나이, 김상호는 자신의 체험을 이렇게 증언했다. 그는 당시 고교

계엄군의 총구가 불을 뿜기 직전의 숨 막히는 대치 상황(5월 21일)
ⓒ나경택

생이었다.

처음부터 정의감으로 나선 것은 아니었어요. 형들이 횃불시위를 하기에 신나게 따라다녔지요. 「아침이슬」 「우리들은 정의파다 좋다 좋아」 그런 노래를 불렀던 것 같아요. 시위가 본격화됐어요. 당시 전남여고, 서석고, 대동고 등 고등학생들이 모여 우리도 뭔가 역할을 해야 한다는 논의를 했던 것 같아요.

5월 23일 친구들과 시위대를 따라 다니다가 지금 전남여고 앞, 구 MBC 방송국 앞에서 일이 벌어졌어요. 당시 방송사들이 올바른 보도를 하지 않는 사태에 대해 시민들이 거센 항의를 했구요, 어른들이 항의하러 갔지요.

한 형이 "방송국은 국민들 재산이므로 절대 파괴해서는 안 됩니다" 하고 호소하면서, 형들이 팔로 스크럼을 싸 시민들의 거센 항의를 막았어요. 시민들이 방송국으로 들어가지 못하도록 제지를 하였고, 대표단이 올라갔지요.

방송국에 불이 났어요. "도청으로, 도청으로" 외치면서 시위 대열이 노동청 쪽으로 밀고 나갔어요. 그때 대학생 형들과 누나들이 대형 태극기를 들었고 그 뒤를 시민이 따라가고 그 뒤 우리가 졸망졸망하게 따라갔지요. 대열은 노동청 앞에서 군인들과 대치하게 되었어요.

갑자기 웽 하는 소리와 함께 장갑차가 등장하더니만, 착착착 하는 소리가 나면서 장갑차 뒤에서 무장한 이들이 나타났어요. 앉은 자세로 총을 겨누더군요. 순간 싸늘한 느낌이 확 몰려왔어요. 나는 친구들과 골목에 숨었는데 군인들이 발사했어요.

처음에는 공포탄을 발사했던 것 같아요. 총성과 함께 주위 사람들이 흩어졌는데, 태극기를 들고 있던 대학생 형들과 누나들은 그 자리를 지

교련복을 입은 고교생에게 총구를 겨
누고 있는 계엄군. ⓒ김녕만

컸지요. 그 순간 총구가 밑을 겨냥했고, 총소리와 함께 내가 실신했지요.

깨어났어요. 갑자기 많은 시민들이 한꺼번에 조그만 골목으로 도망치다 보니 체구가 작은 내가 인파에 걸려 넘어지면서 실신한 것이었어요. 공수부대가 머리채를 잡고 시민들과 학생들을 끌고 가고 있었어요. 여기저기 퍽 하는 소리가 들렸어요. 여기 있다가는 죽는다는 생각이 들었지요. 몸이 말을 듣지 않데요. 끔찍한 광경이었어요. 겨우 몸을 일으켰는데 핑 하는 굉음 소리와 함께 무엇인가 내 머리를 스치고 지나갔어요. 나는 또 쓰러졌어요.

깨어나 보니 어느 가정집 안방에 누워 있었어요. 5월인데 솜이불을 깔고 있었고, 솜이불은 피로 물들었어요. 냄새가 역겨웠어요. 총탄이 머리 윗부분을 뚫고 지나간 것이죠. 간호보조원 양성소에 다니던 누나들이 나를 치료해주고 있었고요, 주인아주머니가 내 머리에 된장을 바르고, 이불 홑청을 떼어 싸맀어요. 전남대 의대를 다니던 형이 나를 들쳐 업고 가정집으로 피신시킨 거죠. 깨어보니 다른 사람들도 그 집에 숨어 있었어요.

쓰러지고 이틀 후 깨어난 거래요. 병원으로 옮겨야 하는데 밖으로 나갈 수가 없었어요. 그날 늦게까지 피해 있다 대학생 형과 간호보조 누나들이 나를 들쳐 업고 우리 집까지 데려다 줬어요.

어머님은 나를 찾아 시내를 돌아다닌 모양이었어요. 동네사람들은 내가 돌아버렸다고 말했지요. "장갑차 오면 쏘아요" 하고 내가 자꾸 중얼거렸던 모양이에요. 동네 사람들이 마음의 치료를 해야 한다며 안수기도를 권했어요. 동명교회 목사님에게 안수기도를 받고 복음외과로 가서 치료를 받았지요.

나는 복음외과에서 통원 치료를 하고 다시 YMCA로 나갔어요. 내가 맡았던 일은 시신을 알코올 솜으로 닦고 총구멍을 막는 일이었어요. 막지 않으면 금방 썩어요. 우리들에겐 총을 주지 않았어요. 총을 들고 나가려 했지만, 시신 수습하는 일만 맡겼어요. 식사도 돕고 소금 구하는 일도 했지요.

도청을 점령당하기 전날이었어요. 소금하고 반찬을 챙기러 집엘 갔어요. 가는 길에 동네 어른들에게 잡혀 동명교회 탑 방에 갇히게 되죠. 나뿐만 아니라 친구, 형 등 20여 명이 함께 갇혔어요. 26일 공수부대가 진격하던 밤이었어요. 한 여성이 마이크로 반복해서 외쳤어요.

"시민 여러분, 나와주십시오. 우리는 다 죽습니다."

그 목소리가 얼마나 애타고 간절했던지…… 함께 갇힌 사람 중에 대학생 형이 있었어요. 한신대 재학 중이었죠. 교회 첨탑에는 빨간색과 검은색으로 된 두꺼운 커튼이 있었는데, 그 커튼을 뜯어내 밧줄을 만들

시신이 안치된 상무관. 죽은 자들의 넋을 위로하는 산 자들의 발길이 끊이지 않았다. ⓒ나경택

었고 그 밧줄을 타고 밖으로 나갔어요. 그리고 그 형은 영영 돌아오지 않았어요.

한 달 정도 지났을까? 망월 구 묘역에서 합동 장례를 치렀어요. 나도 어머님과 함께 갔죠. 망월 구 묘역은 당시 공동묘지였는데, 자동소총으로 난사당한 여성 시신이 한 구 있었어요. 그런데 어머님 두 분이 "내 딸이다" 하면서 서로 다투는 거예요. 오랫동안 방치된 시신이라 너무 심하게 부어 있었어요. 더 이상 지켜볼 수 없어 돌아와 버렸어요. 우리 어머님은 죽은 여자 분을 위한 단식기도를 올렸어요. 나는 결심을 하지요.

'전두환 이 살인마는 내 손으로 죽인다.'

1980년 5월 26일 도청이 함락되던 밤, 윤상원 형은 배에 총을 맞고 이승을 떠났다. 그는 들불야학의 강사들을 중심으로 『투사회보』를 만들어 광주의 진실을 알렸다. 또 항쟁 지도부에서 선전부장을 맡아 뛰었던 것으로 안다. 그날 밤 윤상원, 이양현, 정상용은 카빈총 하나씩을 쥐고 도청을 지켰다. 공수부대원들이 자동소총으로 드르륵 갈기면, 카빈총으로 딱꿍 응사하였던 것으로 전해진다. 그렇게 몇 시간을 버텼을까?

"어, 형, 배에 맞았어!"

공수부대원들이 난사한 총알의 유탄이 윤상원의 배를 관통한 것이다. 이양현과 정상용은 그의 몸을 편히 누였다고 한다. 그렇게 윤상원은 숨을 거두었다.

그날의 상황을 직접 체험한 고교생이 있다. 강용주. 광주항쟁 당시 그는 고교 3년생. 이후 전남대 의대에 다니다가 간첩죄의 누명을 쓰고 14년 동안 젊음을 감옥에서 보냈다. 징한 일이었을 것이다. 반성문 한 장을 쓰면 진즉 석방될 수 있었다. 용주는 자신이 간첩이 아니기 때문에 반성문을 쓰지 않았다고 한다.

나는 강용주 석방운동을 한 적이 있다. 1999년의 일이다. 강용주의 양심을 국제적으로 전하기 위해 나는 용주의 옥중일기를 영어로 옮겼다. 자유와 인권을 존재이유로 과시하는 미국 의원들에게 전달하기 위해서였다. 그의 옥중일기에는 1980년 5월 26일 밤의 상황이 생생하게 쓰여 있다.

옛날 생각이 납니다. 80년 5월 26일 저녁이었지요. 항쟁 때라 다들 이른 저녁을 해먹고, 해 진 거리로 나다니지 않았습니다. 어머님이 차려주신 저녁을 먹으면서 어쩌면 이것이 당신과 함께하는 마지막 밥상이 될지도 모르겠다고 생각하면서 저녁밥을 한 그릇 다 비웠습니다. 부엎으로 가신 당신을 방으로 들어오시라 청했지요.

"오늘 밤 계엄군이 쳐들어온대요. 도청 지키러 갈라요."

"가지 마라, 거기가 어딘데 갈려고 그러냐."

무릎 꿇고 심각한 얼굴로 결심을 말하는 저를 붙들고 당신은 만류하셨지요.

"어머니, 모두들 자기 자식 죽을까 봐 못 가게 한다면 우리나라 민주주의는 누가 지키겠습니까? 오늘 밤만 이겨내면 미국이 우리를 도우러 온대요. 저라도 가서 도청을 지켜야 광주가 삽니다. 어머니, 갈랍니다."

이미 교련복으로 갈아입고서 도청으로 갈 준비를 다 해버린 자식을 앞에 두고 당신은 그저 내 손만 꼭 쥐며 놀라고 두려운 마음을 어쩔 줄 모르셨지요. 해가 저문 밤거리엔 가랑비가 내리고 그 빗속을 뚫고, 모두 모여서 도청을 지키자는 여자의 방송이 이미 패배와 좌절을 예고하듯 구슬프고 애절하게 들려왔습니다.

"엄마, 갔다 올게요."

당신은 "용주야"만 부르시다가 저를 껴안으셨죠. "엄마, 갔다 올께라"는 다짐을 뒤로한 채 도청 앞 YMCA에 갔습니다. 도청을 사수하겠다고 YMCA로 발걸음을 옮긴 저는 계엄군으로부터 광주를, 도청을, 민주주의를 지켜야겠다는 일념뿐이었고 어머님 생각은 조금도 할 수 없었습니다. 자정을 넘어 계엄군의 공격이 시작되었다는 전달을 받고서 우리는 각자 맡은 곳으로 배치되었는데 제가 간 곳은 수협 바로 앞이었습니다. 카빈 소총을 쥐고서 사격명령만 떨어지길 기다렸는데, 명령은 오지 않았습니다.

26일 밤이 지나고 27일 새벽이 왔습니다. 계엄군의 기관단총 소리가 끊임없이 이어졌습니다. 마침내 도청이 계엄군에게 점령되었습니다.

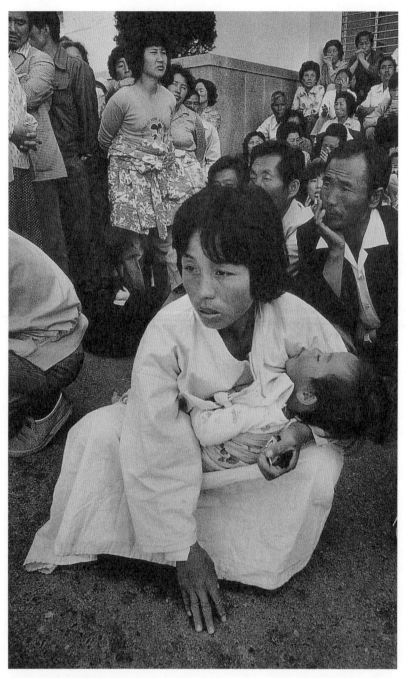

가족을 잃고 넋이 나간 젊은 아낙. 손
에는 이미 이 세상 사람이 아닌 가족
사진이 들려 있다. ©김녕만

우리 집은 도청 옆 금동이었으니까 당신에겐 더욱 또렷하게 총소리가 들려왔을 테고, 그 총소리는 당신 곁을 떠나간 저의 모습과 겹쳐서 밤새도록 염려와 두려움이 당신 가슴을 후벼 팠겠지요. 그날 당신이 무슨 생각을 하면서 밤을 지샜는지 정확히 모릅니다. 아마 제가 죽지 않고 살아 있기만 천지신명께 빌고 또 빌었을 겁니다.

동이 트면서 총소리는 멈추었고, 한참 동안 물을 끼얹은 듯한 정적이 흘렀습니다. 도청 옥상으로 계엄군 모습이 언뜻 보이는가 싶더니 도청 앞으로 계엄군 척후가 왔다 가더만요. 이윽고 도청 안에서 포로로 잡힌 시민군들이 두 손을 머리 위로 치켜들고서 나오기 시작했고 주위에는 계엄군들이 무장한 채 지키고 있었습니다. '끝났구나'라는 생각이 스치고 지나자마자 두려움과 함께 살아야겠다는 욕구와 함께 어머니가 보고 싶어졌습니다.

이때부터 총을 버리고 도망을 쳤습니다. 높은 담을 몇 개나 넘고 넘어서 충장로 1가의 어떤 빌딩 지하에 숨어 있으니까 사람들이 도청 근처로 다니는 소리가 들려왔지요. 한참을 살피다가 셔터를 열고 충장로로 나서자마자 어머니, 당신은 거짓말처럼 내 앞에 서 계셨습니다. 당신 품 안으로 달려가 안긴 그 순간에 '아! 살았다'는 느낌을 가졌지요. 어머니! 그날 밤 저를 도청으로 보내주시다니 생각할수록 자랑스럽습니다.

그때 나의 장형은 광주의 비극을 외신 기자들에게 알리는 일을 하고 있었다. 큰형님은 군대에서 통역장교를 지낸 경력이 있다. 언어의 장벽 때문에 외신 기자에게 광주의 참극을 전달하지 못하는 안타까운 상황이었다. 형님은 나섰다.

시민들: 당신들은 광주 시민들의 행동을 어떻게 봅니까?

통역: What do you think about Kwangju citizen's protest?

외신기자: It's a peaceful demonstration.

통역: 평화적인 시위랍니다.

시민들: 공수부대원들이 동족을 죽이고 있습니다. 이 잔인한 행동을 어떻게 봅니까?

통역: The soldiers are killing their people. What do you think about this terrible massacre?

외신기자: They are not your brothers. It's a tragedy……

통역: 공수부대원들은 여러분의 형제가 아닙니다. 이건 비극입니다.

형님은 도청 앞 상무관 안으로 외국 기자들은 안내했다. 혼백의 억울함을 온 세상 사람들에게 알려주고 싶었다. 넓은 상무관 내부는 바깥의 소란과 대조적으로 아주 조용했다. 향 냄새가 천국처럼 그윽하였다. 169구의 시신들이 대형 태극기에 덮여 있었다. 외신 기자들의 카메라 셔터 소리가 그들의 깊은 잠을 귀찮게 하고 있었다.

o6 불우한 대학생

대학 1년 시절을 회고하면 거기엔 절망적 회의밖에 없던 것 같다. 학회랍시고 들어갔는데, 선배들이 마음에 들지 않았다.

이런 식이었다. 이화여대 앞에 가면 4층 건물이 있는데 대여료가 싸다. 일주일에 한 번씩 대학 1년생과 2년생과 3년생이 회합한다. 3학년이 리더이고 2학년이 바람잡이들이고 1학년이 밥이다. 『전환시대의 논리』『역사란 무엇인가?』를 읽고 토론하잔다.

나는 대안 없는 비판에 반대하였다. 비판하기는 쉬운 일이다. 그런데 젊은이가 문제 해결의 대안을 고민하지 않고 그저 비판적 언사만을 남발하면, 자칫 불평불만 분자로 전락하기 쉽다. 나는 고교 시절 그런 벗들을 많이 보았다.

충효 사상은 박정희 정권이 국민의 의식을 마비시키려는 봉건적 이데올로기라고 선배들은 노가리를 풀었다. 아주 근엄하게. 나는 물었다. 충은 그렇다 치고 효마저 봉건적 이데올로기라 한다면, 그럼 부모님께 효도하지 말자는 것인가? 이순신은 박정희가 국민 통합의 도구로 이용하는 독재의 수단이라고 선배들은 노가리를 풀었다. 하지만 그렇다 하여 이순신의 인격마저 폄하하는 것, 이해되지 않았다.

사사건건 선배들과 말다툼을 벌였다. 언제부턴가 선배들은 나에게 욕설을 퍼부었다. 영웅주의자라고. 그때 선배들이 집단적으로 달라붙어 출세주의자라고 낙인찍었던 것, 정말 잊을 수 없다. 그런 욕을 얻어먹고 사느니 차라리 자살하고 싶었다. 4월부터 인생에 대한 회의가 일기 시작하였다. 뭐하게 사는 것이냐?

책이 눈에 들어오지 않았다. 눈에는 선배들의 근엄한 표정이 선했다. '선배들은 옳다. 그 선배들이 나를 씹었다면 나에게 문제가 있는 것이다. 무엇이 문제인가?' 상념에서 깨어나면 영어 수업이 진행되고 있었다.

다시 수업에 집중하려 하는데 이번엔 선배들의 날카로운 목소리가 귓가에 울렸다. "소부르주아 영웅주의자, 소부르주아 출세주의자, 소부르주아 이기주의자." 청운의 꿈을 꾸고 들어간 그 서울대학은 황량하였다.

나는 속으로 데모만큼은 하지 않겠다고 다짐하였다. 독재정권을 비판하기는 쉬우나, 이후 대안의 세상에 대한 소신 있는 이론을 갖추기 전까지 나는 사회참여를 자제해야 한다고 생각하였다. 공부를 많이 하고 싶었다. 역사, 철학, 경제학, 문학 등 삶과 사회에 대한 나름의 일관된 지적 체계를 세우고 싶었다.

선배들은 데모하고 감옥 가고 현장 가는 길을 손짓하고 있었다. 나는 처음부터 이를 간파하였고, 그렇게 후배들을 유인하는 2학년 선배들의 무모함이 마음에 들지 않았다. 그래서 선배들에게 대들었고 찍혔던 것이다.

농촌활동을 갔다. 전남의 곡성 어느 마을이었다. 우리는 담배밭에 들어가 일하였다. 논에 들어가 피를 뽑았다. 그런데 사흘째부터 산에서 나무를 날랐다. 그땐 몰랐는데, 산판일은 아무나 하는 것이 아니다. 1학년 15명 중 이우학교 교장으로 있는 정광필과 나만 버티고 모두 중도에 쓰러졌다.

농촌활동의 생활규율은 지옥의 규율이었다. 아침 여섯 시에 기상시키려면 밤 열 시에는 재워주어야 할 것인데, 새벽 두 시까지 잠을 재우지 않는 것이다. 반성회였던가, 평가회였던가? 하루 체험한 것을 총화하는 이 자리가 나에겐 고문이었다.

아마도 선배들에게 농민은 다가가기 힘든 민중이었던가 보다. 나에게 농민은 작은아버지이고 고모였다. 농민의 등에 걸친 찢어진 셔츠가 선배들에게 농촌의 궁핍을 대변하는 것이었다면, 나에겐 으레 보는 친숙한 농촌의 일상이었다.

민중을 대상으로 보지 말고(for people) 민중과 함께 사는(with people) 자세야말로 참된 지식인의 길이라고 선배들은 힘주어 강조하였다. 그런데 나의 작은아버지, 고모는 '민중'이라는 단어를 몰랐다. '우리처럼 돈 없고 빽 없는 것들'이라 스스로 칭했다. 민중이라는 용어

서울대 캠퍼스, 이곳의 나무들도 우리
와 함께 자랐다. ⓒ이순규

를 구사하는 모든 지식인은 처음부터 민중을 대상화한 것이었다.

어느 총화자리에서 친구들이 농촌의 참상에 격분하는 말들만 하기
에 나는 농촌을 찬미하는 발언을 하였다. 저녁노을이 내릴 무렵의 저수
지와 푸른 들녘이 너무 아름다워, 나는 늙으면 농촌에 들어가 살고 싶
다고 말하였다. 또 찍힌 것이다.

학교에 다니기 싫어 칩거하였다. 읽고 싶은 책들을 읽으며 살았다.
1977년 10월 어느 날이었다. 지도교수에게 보고서를 제출하러 학교에

갔는데, 전경들이 캠퍼스에 난입했다. 이른바 '26동 씸포지엄 사건'이 터졌다. 우리는 전경들을 온몸으로 막았다. 막다 보니, 내가 대오의 맨 앞에 서 있게 되었다. 유기정학을 당하였다.

돌이켜보면 참으로 우스운 사건이었다. 대학생들이 자발적으로 연구한 성과를 대학생들 앞에서 발표하겠다는데, 박정희 정권의 수하들은 이것마저 불허하였다. 홍윤기가 사태의 부당함을 호소하였고, 이에 박관석·김용관·부윤경이 함께 나섰다. '연구하여 발표하겠다는 죄'를 저질러 그들은 2년의 징역형을 살았다.

나는 정학의 자유가 즐거웠다. 하루의 일정을 내 마음대로 짤 수 있었다. 읽고 싶은 책을 읽으며 살았다. 헤겔의 『소논리학』을 읽었고, 『서양경제사론』을 읽었던 것 같다. 그렇게 1977년 대학 1년의 세월이 저물어갔다.

서울대학은 나에게 낫싱(nothing)이었다. 한국사회연구회(이하 한사)는 데모와 감옥과 현장의 길을 강제한 모임이었다. 하지만 그래도 한사가 나에게 준 선물이 있다. 1978년 1월 대방동 자취방에서 폴 스위지의 『자본주의 발전이론』 강독모임이 개시된 것이다. 스위지는 미국의 진보적 이론가였다. 이후 30년이 지났지만, 스무 살 때 만난 스위지만큼 튼튼한 사유의 토대를 마련해준 책은 없다. 이 강독모임을 이끈 선배는 76학번 권호영이었다. 재기 넘치는 화술과 탁월한 강독 솜씨가 매우 인상적이었다. 이후 감옥에서 2독, 나와서 3독, 1981년에 공황론 연구하며 4독, 후배들 가르치면서 5독. 나의 머리에서 출현하는 사회과학 용어의 9할은 모두 스위지에게서 빌려온 것이다. 나는 아직도 맑스의 노동가치론을 고맙게 생각한다.

서울대는 나에게 준 것이 없었지만 『대학신문』은 몇 가지 소중한 선물을 주었다. 1977년 9월 황지우의 「사육된 세대」와 1977년 12월 홍윤기의 「대학논단」과 1978년 4월 주대환의 「반역사주의 비판」은 참 좋은 글이었다. 교수들은 죽었지만 학생들은 죽지 않았음을 증거하는 글이었다.

01 박기순과의 인연

건너편 이웃집에 살았다는 이유로 이성 간의 친구가 된다는 것은 별난 인연임에 분명하다. 1977년과 78년 나는 어머니를 모시고 신림동 비지구 아랫동네 단독주택에서 살았는데, 이 집 건너편에서 전복길과 그의 여동생 전혜경이 어머니를 모시고 살았다. 두 집 모두 광주 출신이고 두 집 모두 아버지를 여읜 점에서 같았다.

신림동에 살면 아침마다 번뇌를 한다. 버스를 타고 학교엘 갈 것인가, 그냥 걸어갈 것인가. 걸어가면 교실까지 30분이 넘게 걸리고 버스를 타더라도 20분이 걸린다. 교문에서 교실까지 15분이 걸리기 때문이다.

그때만 해도 신림동에서 교문까지 가는 길은 들길이었다. 오늘처럼 인간들이 쏟아내는 오물이 없던 시절이었다. 학교를 오가는 길에 나는 복길 형과 친한 사이가 되었고, 이어 그의 집을 왕래하기 시작하였다.

전복길은 나에게 광주일고 2년 선배였다. 그의 어머니는 소박하고도 다정한 여인이었다. 어머니는 나를 무척 예뻐하셨다. 단칸방에서 살림을 하는 어머니는 저녁에 아들 친구들이 와 밥 먹는 것이 삶의 기쁨이었다.

아들 친구들은 모두 신림동 비지구 겨레터야학 강학(講學)들이었다. 홍윤기, 박관석, 전복길, 양민호, 김광희 등이 겨레터야학의 핵심이었는데, 모두 감옥에 가거나 쫓기게 되자 나는 비지구 언덕을 오르기 시작하였다. 대방동 이바돔야학에서 검정고시 공부를 가르치던 나에게 비지구의 노동야학은 훨씬 진지했다.

다 잡혀가고 수배되어버리고, 나와 전혜경이 남았다. 그해 겨울 우리는 교도소에 면회 가는 길을 함께 다녔다. 내가 박기순을 만나게 된 것도 전혜경과의 인연 때문이다. 광주도청을 지키다 산화한 윤상원과 영혼결혼식을 올린 여인 박기순은 전혜경의 고교 친구였다. 친구가 보고 싶어 서울에 올라온 그 자리에서, 나는 처음 박기순을 보았다. 음성이 걸걸한 여인이었다.

그해 4월이던가. 전복길의 어머니는 광주 양림동으로 이사를 하였다. 홀로 사는 어머니를 위해 전혜경의 친구 박기순이 자주 들락거렸다. 다른 여대생들은 어머니가 해주는 밥만 얻어먹고 가는데, 그녀는 달랐다. 먼저 부엌에 들어가 어머니 밥을 차려드렸다. 기특한 여성이었다.

"광우, 기순이랑 사직공원 바람 좀 쏘고 오소."

어머니가 말씀하였다. 나는 본능적으로 창피하였다. 밤 공원을 여자 혼자 다니기 무서우니 보디가드 역할을 해주라는 부탁으로 해석하였다. 아무 말도 못하고 그냥 올라 그냥 내려왔다. 벚꽃이 만발한 봄밤의 사직공원은 이렇다.

광주천 따라
고향의 봄밤을 걸으면
공기 속에 무슨 스펀지 같은 것이 들어 있다
푸욱 파묻히는
파묻히고 싶은

육신이, 물컹물컹한 육신이
눌려진다

천변 수양버들 아래
간지럼을 멕이는
이 아리아리한 봄밤
아, 뭐라고 말해야지
육욕적인 봄밤

수은등 아래
사직공원 사쿠라꽃잎 다 지고
이 스펀지 같은 봄밤

— 황지우 「봄밤」 부분

한 번은 기순이랑 어머니랑 나랑 셋이서 드들강 나들이를 하였다. 홀로 계시는 어머님 바람을 쏘여드리고 싶은 그녀의 효심 때문이었다. 드들강은 늘 평화롭다. 기순은 강가에서 조약돌을 주웠다. 조약돌을 만지며 좋아하던 천진무구의 표정이 잊히지 않는다. 강물처럼 맑고 조약돌처럼 깨끗한 여인.

1978년 8월, 무더운 여름날 우리는 양림동 마루에서 열심히 일하였다. 야학을 열기 위한 교재 준비작업이었다. 광주일고를 수석으로 입학한 김영철과 전복길, 그리고 최기혁과 내가 이 작업을 도와주었다.

더러는 안방에서 교재 원고를 쓰고, 더러는 대청 마룻바닥에서 철필로 등사원고를 긁고, 더러는 롤러에 잉크를 묻혀 등사를 하고…… 한 장 한 장 등사된 종이들이 모여 야학 교재가 되는 것이다. 우리들은 신

영산강의 샛강인 나주 남평 드들강. 저
드들강처럼 흘러가고 싶었지만……
© 이순규

림동 겨레터야학의 경험을 광주의 들불야학에 전수하고 있었던 것이다. 2년 후 이 들불야학이 광주항쟁의 풀무 역할을 할 줄 누가 알았더란 말이냐?

₀⁸ 유인물을 뿌리며

주대환 선배를 만난 것은 행운이었다. 1978년 9월 어느 날, 나는 마포에 있는 그의 아파트에 들어섰다. 유인물을 뿌려달라는 부탁을 받았다. 그는 자신이 벌이고 있는 거사를 매우 즐거운 일로 간주하였던 것 같다. 아주 신나고 호탕한 웃음을 지었다.

그 시절, 나는 데모를 비효과적인 짓이라고 생각하였다. "학우여!" 악 한 번 지르고 감옥에 끌려가면 뭐해? 잡히지 않아야지. 지속적으로 우리의 대의를 알려나가야지. 이런 생각을 하던 나에게 유인물을 뿌려달라는 그의 부탁은 매우 기분 좋은 일이었다. 이런 일을 해야지. 아무렴. 이때부터 나는 주대환 선배가 주도한 '서울지역 6개 대학 연합시위' 유인물팀의 행동책을 자임했다.

그때 나는 무척 몸이 날랬다. 서울대 식당 2층에 라운지가 있다. 라운지가 2층이면 3층에 복도가 있는데, 3층 복도에서 내려다보면 2층에 앉아 있는 학생들이 훤히 보인다. 나는 유인물 한 뭉치를 3층 복도에서 2층 라운지를 향하여 힘차게 던진 다음, 복도에서 몸을 던졌다. 가볍게 착지한 나는 그대로 학교 정문 앞을 빠져나왔다. 그날 저녁 집에서 밥을 먹는데, 형이 말했다.

"요새 것들 겁대가리가 없어."

1978년 9월은 내가 하고 싶은 일을 하고 다닌 한 달이었다. 『아무도 미워하지 않는 자의 죽음』에 나오는 주인공이나 된 듯, 나의 마음은 가벼웠다. 사당동, 봉천동, 난곡동, 염리동, 길음동 나의 발길이 닿지 않은 산동네가 없었다. 새벽까지 유인물 한 장 한 장을 가정집 대문에 끼워 넣고 다니는 일은 힘들었지만 행복하였다. 하지만 유인물에 무슨 내용이 적혀 있는지 정작 뿌리고 다니는 나는 몰랐다. 나는 점차 유인물 살포 전문가로 성장하고 있었다.

이홍국 선배가 유인물 제작 공장장이었던 것으로 안다. 그는 아주 영민한 사람으로 나에게 깊은 인상을 남겼다. 버스 환기통을 이용한 유인물 살포법을 창안하였고, 이 아이디어의 위력을 내가 실증하였다.

그렇게 유인물을 여러 번 뿌리고 다녔는데도 나는 잡히지 않았다. 연합시위팀은 일망타진되었고, 유인물 공장도 털렸다. 나에게 남은 것은 군입대뿐이었다.

입대하기 전 박기순을 만났다. 무척 섭섭해하였다. 압제의 어둠을 여인에게 홀로 맡기고 그렇게 우리는 군대로 도피하였다. 그런데 두 달 후 그녀가 이 세상을 떠날지 누가 알았더란 말이냐?

여느 청년과 똑같이 까까머리로 논산훈련소에 입대하였다. 12980224. 내가 논산훈련소에서 받은 '개목걸이'의 번호다.

o9 시련

논산훈련소에서 한 달 동안 땅을 기다 보니 사회에서 연을 맺었던 이름들이 희미해져갔다. 이러면 안 되겠다고 생각해 알고 지내던 모든 친구들의 이름을 수첩에 적어 넣었다(이 수첩은 보안대 화장실에서 씹어 먹었다). 인간의 의식이란 참 연약하다. 그가 어디에서 사느냐에 따라 생각이 달라진다.

시간이 아까웠다. 취침 점호가 끝나고 다들 잠에 들어가면 나는 일어나 화장실로 갔다. 화장실 안에서 영어 성경을 읽었다. 무료하게 인생을 보내는 것만큼 괴로운 일도 없다. 점점 예수와 인간적 만남은 깊어만 갔다.

전반기 훈련을 마치고 후반기 교육을 받으러 대구 위생병학교에 배치되었다. 모든 것이 군대에서는 기합으로 시작한다. 새벽에 도착했는데 학교 입구에서 내무반까지 오리걸음으로 걸었다. 나는 오리걸음이 무척 힘들었다.

군대에서 처음으로 맞이하는 크리스마스가 다가왔다. 경옥 씨에게 카드를 띄웠다. 느닷없는 호출을 받았다. 올 것이 왔구나!

보안대 지하실로 끌려갔다. '서울지역 6개 대학 연합시위 사건' 연루자 중 내가 가장 뒤늦게 체포된 것이다. 나와 같이 유인물을 뿌린 정광필, 유대기, 이규 그리고 우리에게 유인물을 공급해주었던 최주옥, 인쇄소 공장장이었던 이흥국의 자술서 사본이 내 앞에 있었다. 언제 어느 곳에 몇 장의 유인물을 뿌렸는가는 나만이 아는 사실이다. 동료들의 진술이 매우 부정확하였다. 나는 사실 그대로 진술하여주었다. 수사는 일사천리로 진행되었다.

다음으로 내가 끌려간 곳은 대구 5관구에 있는 육군 헌병대 영창이었다. 이곳은 대한민국의 지옥이다. 교도소보다 경찰서 유치장이 지내기 힘들다. 마찬가지로 군교도소보다 더 힘든 곳이 헌병대 영창이다. 기합에서 시작하여 기합으로 끝나는 하루였다. 깍지 끼고 엎드려 뻗치기, 팔굽혀펴기 100회. 연병장에 집합, 김일성 눈깔 빼기. 요령은 이렇다.

먼저 코끼리 모양으로 한 손으로 코를 잡는다. 다음 한 손가락을 땅에 대고 스무 번 돈다. 도는 것은 어렵지 않다. 일어서면 어질하다. 몸의 평형 중추가 뒤흔들리는 것이다. 나는 앞으로 가려 하는데 발은 옆으로 간다. 마주 보는 곳에 서 있는 김일성 얼굴 판때기의 눈깔을 찍고 다시 돌아오는 것이다. 가다가 픽픽 쓰러진다. 헌병들은 이 장면이 즐거워 연신 웃는다. 누가 그들을 쌔디스트로 만들었을까?

기합 한 따까리가 끝나면 다시 돌아와 마룻바닥에 앉는다. 앉을 때 그냥 앉는 것이 아니다. 공중으로 1미터 가량 몸을 띄운 상태에서 가부좌를 하여 내려앉는 것이다. 잘 상상이 되지 않을 것이다.

어쩌다 모난 헌병에게 걸리면 끌려 나가 손가락에 볼펜을 끼운 채 손가락이 뒤틀린다. 비명을 지를 수밖에 없는데, 이때 하는 말, "이런 것도 못 참는 놈이 무슨 데모는 데모." 사람의 자존심을 파괴하는 말이다.

그렇게 괴롭히고도 성이 차지 않으면 철창 타기를 시킨다. 철창 맨 위 쇠줄 위에 올라가라고 한다. 철창을 타고 있는 발에 쇠가 박혀온다. 아프다. 그렇다고 떨어질 수도 없다.

크리스마스를 이곳 영창에서 맞이하였다. 인근 교회에서 위문방문을 하였다. 그들은 너무 얼굴이 밝고 환하여 부러워 보였다. 그들은 우리를 죄인으로 보았다. 우리가 이들의 위문방문을 환영하는 것은 과자를 먹을 수 있었기 때문이다. 동그란 비스킷이 그렇게 맛이 있을 수 없었다.

헌병대의 대장이 광주일고 선배임을 나중에 알게 되었다. 그는 나를 불러놓고 애로사항이 무엇이냐고 따뜻하게 물어주었다. 통닭 한 마리를 주문하여놓고 말이다. 나는 통닭보다 책을 달라고 했다. 그는 『논어』 『맹자』를 주었다.

군 법무관에게 불려 나갔다. 고려대학교 법대 출신이었던 것으로 기억한다. 법무관은 나를 순진한 학생으로 판단하였던 것 같다. 무엇 때문에 데모를 하게 되었는가, 물었다. 『아무도 미워하지 않는 자의 죽음』이 유인물을 배포하게 된 동기였다고 했다. 법무관은 그 책을 읽은 듯하였다. 그리고 반성문을 쓰기만 하면 집행유예로 풀어주겠다고 약속하였다. 나는 거절하였다. 군대 생활이 지긋지긋하였기 때문이다. 군대보다 교도소가 더 나았다.

군대에서는 2년 이상의 중형을 받으면 군인 신분을 박탈당한다. 군대 생활을 할 자격이 없어지는 것이다. 나는 그저 2년 이상의 중형이 나오기만을 기다렸다. 그래서 법무관에게 2년 형을 주라고 부탁했다. 법무관은 그렇게 되면 이후 정상적인 사회생활을 할 수 없다고 진지하게 다시 생각해보길 권유하였다. 최후진술 때 다시 말하라는 것이다.

선배들은 최후진술 석상에서 자신의 소신을 폈다. 한 편의 졸업논문을 구술하는 것이다. 나는 최후진술을 하지 않았다. 2년의 형을 주실 것을 청원하였다. 약속대로 2년 형이 떨어졌다. 군대를 졸업한다니 마음이 홀가분하였다.

법무관의 선고가 끝나고 돌아서니 휑한 군 법정 저쪽에 아는 여인이 서 있었다. 이화여대 사회학과에 재학 중이던 이경숙이 격려 차 그 먼 곳을 온 것이었다. 우리는 손도 잡아보지 못했다. 그냥 웃기만 했다. 이후에도 이경숙은 나의 감옥생활에 필요한 책들을 모두 구해 넣어주었다. 참 고마웠다.

이제 본격적인 징역 생활이 시작되는 것이다. 헌병대 영창문을 열고 나서 대구에서 양산으로 가는 열차에 몸을 실었다. 두 명의 헌병이 호송을 하였다. 굵은 동아줄이 손을 묶고 있었다. 밤이 깊으면 새벽이 온다. 먼동과 함께 실려 오는 푸르스름한 여명의 빛을 보았다.

10 새는 알을 깨고 나와야 한다

부산에서도 양산은 통도사로 유명한 곳이다. 불, 법, 승을 대표하는 한국 3대 사찰 중의 하나인 통도사. 통도사 저편에 오봉산이 있고 오봉산 중턱에 제2육군교도소가 자리 잡고 있었다.

육군교도소는 교도소와 군대의 짬뽕이다. 그것도 제일 좋지 않은 제도만 종합하여놓았다. 민간교도소에서는 밥을 식구통을 통해 받는다. 육군교도소에서는 죄수들이 식당까지 행군하여 배식을 받는다. 민간교도소는 적어도 방 안에서만큼은 죄수의 자유다. 군교도소에서는 온종일 마룻바닥에 정좌하고 있어야 한다. 헌병이 이름을 부르면 군대식으로 씩씩하게 관등 성명을 외쳐야 한다. 민간교도소에서는 저녁밥 먹고 취침시간까지 자유다. 육군교도소에서는 취침시간 중에도 일어나야 한다. 자다가 불침번 차례가 오면 방 안에서 열주웅쉬엇! 자세로 두 시간을 서 있어야 한다.

철창을 사이로 밖에서는 헌병이 죄수들을 감시하고, 안에서는 죄수가 잠든 이들을 감시하는 것이다. 헌병은 제 맘대로 선다. 죄수는 반듯한 자세로 선다. 헌병은 건빵을 씹으면서 밤의 무료를 쪼갠다. 헌병이 씹는 건빵은 죄수를 괴롭힌다. 먹고 싶지만 달라고 할 수 없다. 자존심 때문이다.

이때 나는 영어 성경에 심취하였다. 군교도소에서는 불경과 성경 이외의 책은 반입되지 않는다. 사식은 물론. 형제들이 면회 오면 접견소에서 빵과 통조림을 입에 처넣어야 한다. 형제들은 안부를 묻는데, 이쪽은 와그작와그작 빵을 입에 쑤셔 넣기 바쁘다.

죄수들이 기다리는 하루가 있다. 일요일 아침이다. 교도소에도 교회가 있는데, 일주일에 한 번 와 설교를 하고 가는 장로가 있었다. 우리는 그 장로를 '하늘의 왕빵'이라 불렀다. 교회로 가는 구보 대열은 마냥 씩씩하다. 하늘의 왕빵을 얻어먹는 날이기 때문이다.

하루는 사고가 터졌다. 뒷줄에 앉아 있던 죄수 두 명이 왜 자기에게는 빵을 주지 않느냐고 호소한 것이다. 장로는 얼굴을 붉히고 자리를 피해버렸다. 돌아와 입방하기 전 헌병은 우리들을 집합시켰다. 빵을 두 개 훔친 자는 어서 나오라는 것이다. 아무도 나오지 않았다.

때는 1월. 오봉산의 바람이 여느 때보다 쌀쌀했다. 모두 옷을 벗으라는 명령이 떨어졌다. 죄수복을 주섬주섬 벗는데, 꼭 빠삐용이 된 기분이었다. 광장에서 죄수들이 알몸으로 서 있는 첫 장면 말이다. 하사관은 옷을 뒤적이더니 다시 명령을 내렸다.

군화를 벗으란다. 참 내 염병하네. 군화를 벗는 일은 무척 성가신 일이다. 줄을 풀고 다시 매야 한다. 이제 맨발로 대지에 섰다. 하사는 모든 신발 안쪽까지 뒤지기 시작했다. '이게 뭐냐? 사라진 빵 하나를 기어이 찾아내야 네 자존심이 서는 것이냐?'

군화 안쪽 코 속에서 문제의 빵 두 개를 찾아냈다. 부산 자갈치 출신이었다. 하사관은 100여 명이나 되는 죄수들 앞에서 얼굴이 떡이 되도록 두들겨 팼다. 곤봉으로 이마를 후려 패고 조인트 까고 쓰러뜨려 놓고 군화로 짓이겼다.

흥분되었다. '인간을 이렇게 패도 되는 것이냐? 이것은 불의다. 이 불의 앞에서 침묵하는 광우, 너는 뭐냐? 항의해야 하는 것 아니냐? 왜 나서지 못하는 것이냐? 아니다. 그냥 참자. 꾹 참자. 오! 너도 결국엔 폭력 앞에 비겁한 인간이구나.'

양산의 육군교도소는 낮에도 복도가 어두컴컴했다. 마침내 각자 방으로! 죄수들은 방금 전 사건을 잊어먹었나, 들어와 앉자마자 빵을 먹기 시작했다. 나는 먹을 수 없었다. 화장실에 간다는 핑계를 대고 똥통에 처박아 버렸다. 그제야 일말의 양심이 위로받는 듯하였다. 돌아와 앉았다. 죄수들은 계속 빵을 먹고 있었다. 맛있게 먹고 있었다. 나는 후회가 되었다. 다시 화장실에 간다는 핑계를 대고 똥통에 던진 빵을 건져내었다. 100원짜리 빵은 비닐로 포장이 되어 있어 알맹이는 깨끗하였다. 화장실에서 먹었다.

이즈음 나는 어머니에게 효도하기 위해 세례를 받으려 하였다. 의식적으로 하나님을 불렀고 기도를 올렸고 가스펠송을 열심히 불렀다. 우물가의 여인처럼 나는 구했다. 생명의 물을 마시고 싶다고 호소했다. 하지만 음성은 들리지 않았다. 나는 포기했다.

똥통에 처박은 빵을 다시 꺼내 먹는 게 인간이라면 인간에게 먼저 필요한 것은 하나님의 말씀이 아니라 빵임을 나는 인정하지 않을 수 없었다. '인간은 빵만으로 사는 것이 아니라 하나님의 말씀으로 살아야 한다'는 예수의 공리는 정정되어야 했다. '인간은 말씀만으로는 살 수 없다. 먼저 최소한의 의식주가 절대적으로 필요하다.'

대학 1년 내내 나는 기독교와 맑시즘 사이에서 방황하였다. 고난의 십자가를 지고 골고다 언덕을 오른 예수를 따를 것이냐, 맑스를 따를 것이냐? 기독교에는 고통받는 민중의 삶을 어떻게 바꿀 것인지, 적극적인 프로그램이 없다. 교회냐, 학회냐?

나는 솔직히 말하여 학회 선배들의 경직된 눈빛, 가파른 교조가 싫었다. 그들의 음울한 얼굴에 비하여 밝고 상냥한 교인들의 얼굴이 좋았다. 하지만 학회에는 실천이 있고 사회에 대한 적극적 책임이 있었다. 나는 이것을 부인할 수 없었다. 기독교인으로 살아갈 것이냐, 실천가로 살아갈 것인가. 적잖은 세월 동안 끌고 온 고뇌를 마침내 정리하였다. 세 가지를 다짐하였다.

하나, 대의 앞에서 사심을 버린다.

둘, 어려운 이웃과 함께 산다.

셋, 죽는 날까지 진리를 탐구한다.

새는 알을 깨고 나와야 한다. 알은 세계이다. 태어나고자 하는 모든
이는 하나의 세계를 파괴해야 한다. 나에게 기독교는 깨뜨려야 할 알이
었다. 마침내 나는 '기독교의 세계'를 떠나 '맑스의 세계'로 자유로이
날았다.

11 이감

어려서부터 나는 노래 부르는 것을 좋아했다. 감옥에서 나는 매일 노래를 부르며 살았다. 철창을 부여잡고 김민기의 「친구」를 부르면 눈물이 절로 나고, 눈물을 흘리고 나면 마음이 정화되는 기분이었다. "검푸른 바닷가에 비가 내리면 어디가 하늘이고 어디가 물이요. 그 깊은 바다 속에 고요히 잠기면 무엇이 산 것이고 무엇이 죽었소. 눈앞에 떠오르는 친구의 모습 흩날리는 꽃잎 위에 아른거리오. 저 멀리 들리는 친구의 음성 달리는 기차 바퀴가 대답하려나."

「명태」도 썩 잘 불렀다. 교도소에선 토요일 밤마다 일종의 잔치를 벌였다. 전 죄수들을 한군데로 모아놓고 장기 자랑을 시키는 것이다. 이것도 헌병들을 위한 심심풀이 껨이었으나, 우리들에게도 재미있는 잔치였다.

스타 자가용을 몰던 제비족 출신 모 씨는 드럼과 춤의 대가였다. 냄비뚜껑 주전자만 있으면 그대로 드럼 연주가 나왔다. 소대장을 살해한 살인무술 출신 모 씨는 무예의 대가. 태권도 5단에 유도 3단에 합기도 7단에 종합 15단의 무예를 자랑하는 모 씨의 전직은 노름판 기도. 한번 주먹을 휘두르면 즉사한다. 공수부대보다 세고 유디티보다 센 특수부대가 있다는 것을 여기에서 알았다. 실미도와 같은 곳에서 훈련 받고 북한 요인 암살 특명을 받고 파견되는 군인이었는데, 어쩌다 교도소로 들어왔다는 모 씨. 자전거 체인처럼 생긴 쇠줄 하나와 비닐 한 장만 있으면 사람을 조용히 죽인다는 것이다. 소리를 내지 못하도록 비닐로 얼굴을 씌운 다음, 쇠줄을 상대의 목에 걸고 잡아당기는 것.

별의별 잡놈들이 다 모인 육군교도소에서 노래 부르기 시합을 하면 내가 으뜸을 먹었다. 음담패설 노래만 부르는 것이 토요파티의 내규였다. 일반 죄수들이 알고 있는 음담패설 노래는 두세 종에 지나지 않았다.

"시내에서 시내에서 담배 피려고 담배 한 갑 오백 원 아이고나 비싸서 나 못 피겠네. 꽁초 피겠네, 주워 피겠네. 너와 같이 사서 피나 나와 같이 주워 피나 연기 나는 건 다 마찬가지." 부산 자갈치에서 주먹을 썼던 깡패가 부르던 노래였다.

나는 '영자송'을 잘 불렀다. "영자야 내 동생아 몸 성히 성히 잘 있느냐. 이 오빠는……" 대학가에서 그것도 운동권에서 놀아본 덕택에 주워들은 음담패설 노래들이 많아 나는 늘 으뜸을 했는데, 죄수들도 「명태」 노래를 좋아하였다. "짝짝 찢어지어 내 몸은 없어질지라도 내 이름만 남아 있으리요, 명태, 명태라고, 음" 부르면서 나오는 소주 마시는 장면이 압권이었다. "쐬주를 한잔 하다가 크으!" 할 때 모두 따라서 하였다.

어느 날 비상이 걸렸다. 저녁을 먹고 각자 방에 들어가 정좌를 하고 있는데, 헌병들이 달려와 다시 인원 점검을 하는 것이다. 한 명이 부족하였다. 탈옥자가 생긴 것이다. 헌병들은 난리였다. 식당 뒤쪽 철조망에 리어카가 걸려 있어, 그곳으로 탈옥한 것이 아니냐는 소문이 나돌았다. 나는 탈옥자가 멀리멀리 도망가 버리길 빌었다.

"잡았다!"

탈옥수는 교도소 굴뚝 속에 숨어 있었다. 멍청한 죄수였다. 굴뚝에서 잡혀온 탈옥수의 얼굴은 검댕으로 흑인이 되어 있었다. 연대장에게 끌려갔다. 이상하게도 아무런 구타가 없었다. 다만 손을 뒤로 묶어놓았다. 밥을 손으로 먹지 못하고 입으로 핥았다. 헌병이 없으면 우리가 먹여주었다.

육군교도소에서 나는 노예였다. 연대장이 사용할 테니스장의 그물을 떴다. 또 연대장 전용 테니스장을 반듯하게 정리하는 작업을 하였다. 땀 흘려 롤러를 열심히 굴리고 있는데도 헌병은 요령 피운다고 조잘댔다. 이집트의 노예가 된 기분이었다.

1979년 4월이 왔다. 군인에서 민간인으로 신분이 바뀌는 날이 온 것이다. 연대장 앞에 가서 불명예 제대하고 민간인으로 돌아가는 의식을 치렀다. 이감 버스에 올랐다. 개나리꽃이 눈부셨다.

12 망월동에서

우연인가, 필연인가? 1979년 7월 미 대통령 지미 카터가 한국에 와 박정희더러 학생들을 풀어주라고 압박하였다. 긴급조치 9호를 위반하여 수감된 학생들은 300명을 넘어가고 있었다. 전국 30여 개의 교도소에서 긴급조치 위반자들은 세력을 형성하고 있었다. 박정희는 훈령만 내리면 조용할 줄 알았겠지만, 우리들은 무릎 꿇고 사느니 서서 죽길 원하였다. 박정희 정권이 우리를 잘못 본 것이다.

안기부에서 왔다. 반성문 한 장이면 풀어주겠다고 꼬드겼다. 반성문을 쓰지 않으면 초등학교에서 교편을 잡고 있는 형님에게도 좋지 않을 것이라 협박하였다. 가슴 아팠지만 나는 거부했다. 뭐, 학생운동의 원로, ㅇㅇㅇ도 자기 앞에서 반성문을 쓰고 미국 유학 가서 지금 잘 살고 있지 않느냐면서 나를 회유하려 하였다. 애당초 출세와 부는 나와 거리가 먼 것. 한사코 쓰지 않았다.

김해교도소 보안과장이 호출하였다. 그한테서 대한민국을 전복하려고 음모하는 구 빨갱이들이 3,000여 명 넘게 암약하고 있다는 소리를

망월동 묘역, 「님을 위한 행진곡」의
주인공 윤상원의 묘.

처음 들었다. 북에서 내려온 간첩들보다 더 악독한 골수 빨갱이들이 설
치고 있으며 우리는 그들의 철부지 노리개밖에 되지 않는다는 이간질
도 하였다. 나는 보안과장이 경멸스러웠다. 이 개돼지보다 못한 놈아,
일제시대에는 일본놈에게 붙어먹고, 이승만 정권 시절에는 독재자에게
알랑방귀 뀌고, 뭐 인생을 잘 살았다고 우리를 가르치려 해!

1979년 7월 김해교도소의 육중한 문이 열렸다. 김수천 형의 아버지
가 기다리고 계셨다. 우리 빵잽이들은 보따리 하나 가득한 책짐을 등에
지고 집으로 향했다. 고향 앞으로!

어머니에게 돌아왔다. 어머니는 나에게 말하였다. 광우, 너, 좌익이

지? 어머니의 사상 심문은 뜨끔했다. 어머니가 본 좌익들의 인품은 참 훌륭했으나, 말로가 좋지 않더라는 것이 어머니의 지론이었다. 좋은 말로를 만들기 위해 운동에 뛰어든 것이 아니기 때문에 어머니의 조언은 나에게 아무 의미가 없었다.

출감한 다음 날 나는 나주에 계시는 전복길 형 어머니에게 달려갔다. 바람결에 건너온 소식으로 박기순 누이가 연탄가스로 죽어버렸다는 비보를 감옥에서 들었지만 자세한 속내는 알 수 없었다. 뵙자마자 기순이 이야기를 물었다.

"왜 죽었다요?"

"그냥 죽어부렀어. 징헌 시상. 크리스마스이브 잔치한다고 나무 하러 산에 갔다네. 잔솔가지 주어 왔다가 지 오빠 집에 가서 잤는디, 연탄가스 속에서 곯아 떨어져부분 거야…… 죽었다고는 하는디 얼굴이 뽀야니 이뻤어. 기혁이가 쥐약 묵고 죽어분다고 또 난리 피웠제. 기순이를 잊을 수 없었나 봐. 망월동 무덤으로 달려가다가 길바닥에서 쓰러져 부렀는디, 아이 병원에 데꼬 갔더니, 쥐약을 다 토해부렀다는 거잖아. 그래 기혁이는 살았다네."

나는 그길로 망월동을 찾았다. 윤상원, 박관현과 함께. 지금은 훤히 길이 뚫렸으나 그때엔 꼬불꼬불 시골길이었다. 또 그때 망월동은 이름 없는 공동묘지였다. 소주 됫병 하나 들고 가르마 같은 길을 따라 걸었다.

박관현 형은 어려서 한학을 하였던가, 이태백의 시를 멋지게 읊었다. 일배(一杯) 일배(一杯) 부일배(復一杯)허면, 자연과 내가 하나가 되고, 일배 일배 부일배허면, 너와 내가 하나 되리. 한잔 마셔. 윤상원 형도 기순이를 사랑하였나 보다. 기순이를 그리워하는 마음이 애틋하였다.

돌아와 녹두서점에서 술판을 벌였다. 한 순배 술이 돌아가고 나니,

윤상원 형이 창을 불렀다. 김지하의 「비어(蜚語)」였다.

그 무슨 전생의 악연인지 그 무슨 몹쓸 살이 팔자에 끼었는지

만사가 되는 일 없이 모두 잘 안돼

될 법한데도 안돼

다 되다가도 안돼

될 듯 될 듯이 감질만 내다가는 결국은 안돼

장가는커녕 연애도 안돼 집 장만은커녕 방세 장만도 제때에 안돼

밥벌이도 제대로 안돼 취직도 된다 된다 차일피일하다가는 흐지부

지 그만 안돼

빽 없다고 안돼 학벌 없다고 안돼 보증금 없다고 안돼 국물 없다고

안돼

(…)

연탄가스로 뻗자 하니 창구멍이 많아 어쩔 수 없이

청산가리 술 타 마시고 깨끗이 가자 하니 술값 없어 별도리 없이 안

돼 안돼 안돼

반항도 안돼 아우성은 더욱 안돼 잠시라도 쉬는 것은 더군다나 절대

안돼

두 발로 땅을 딛고 버텨 서는 건 무조건 안돼

(…)

피고는 두 발로 땅을 딛고 아가리로 유언비어를 뱉어냄으로써

건방지게 무허가착족죄, 제가 뭔데 육신휴식죄, 싸가지 없이 심기안

정죄, 가난뱅이 주제에 직립적인간본질찬탈획책죄, 못난 놈이 사유시

간소비죄, 가당찮게 나태죄, 죽고 싶어 부도죄, 제가 무슨 뜬구름이라

고 현실방관죄, 부끄러움 없이 앙천죄, 불온하게 흉곽팽창죄, 분수 모

르고 특수층한정직립유한권침해죄, 무엄하게도 촌분무휴증산수출건
설적국가정책기피죄, 삼불오무칠죄구물위반죄, 혹세무민적유언비어
사출죄, 동발음의욕죄, 동발음죄, 동살포의욕죄, 동살포죄, 조국불경
죄, 모국어비하죄, 축생적조국비유죄, 세계만방조국축생시가능성촉성
죄, 투자환경교란죄, (…) 반체제의식고취제, 이심전심적반국가단체조
직가능죄, 반국가적내란음모획책적강력심정보유급동사상포지잠재적
가능성확실명백가능죄

　캬! 이 긴 사설을 윤상원 형은 감칠맛 나게 잘도 불렀다. 그 긴 죄목
을 달달 외워내는 대목에선 모두들 박수치며 배꼽 쥐고 웃었다. 훗날
임진택 선배가 「비어」 소리의 원조라는 것을 알았지만, 그의 창 솜씨는
임 선배의 솜씨에 비견하여 손색이 없었다.
　당시 광주 사람들은 만나면 막걸리 몇 통 사놓고 술판 노래판을 벌
였다. 복길이 어머님도 이 판을 무척 즐겼다. 이때 나는 어머님에게
「노들강변」을 자주 불러드렸다. "노들강변 뱃사공 휘휘 늘어진 가지에
다……" 광천동 아파트는 귀신이 나올 것처럼 썰렁했는데, 복길 어머
님이 이곳으로 이사 오니 연일 잔치판이었다. 박관현 형은 쌀 한 말 옮
겨다 놓고 아예 어머님에게서 밥을 얻어먹었다. 이런 자취방 공동체가
나는 좋았다. 상원이 형은 기순이를 마음속으로 무척 좋아했나 보다.
기순이가 먼저 이승을 떠난 날, 그는 이렇게 일기를 썼다.

　12월 27일 수요일 영원한 노동자의 벗 기순이가 죽던 날

　불꽃처럼 살다간 누이야.
　왜 말없이 눈을 감고 있는가?

두 볼에 흐르는 장밋빛

서럽디 서럽도록 아름답고

난 몰라라 무엇이 그대의 죽음을 말하는가를

아무리 쳐다봐도 너는 살아 있었다.

(…)

그대는 정말 죽었는가?

믿어지지 않는 사실을 두고

모든 사람은 쉽게 운다.

모닥불이 탄다.

기순의 육신이 탄다.

훨훨 타는 그 불꽃 속에

기순의 넋은 한 송이 꽃이 되어

우리의 가슴 속에서 피어난다.

——『미완의 일기』(금호문화 1999)

ı3 한 치 앞을 보지 못하고

1979년 8월 나는 광주의 현대문화연구소에 출입하였다. 윤한봉 형은 감옥에 간 후배들 옥바라지를 하기 위해 책들을 수집하고 있었다. 나도 내 징역살이에서 본 책을 다 내놓았다.

윤한봉은 수도사였다. 지산동 어느 켠에 골방 하나를 쓰고 있었다. 가서 보니 빈방이었다. '나의 재산목록'이라고 쓰인 편지지가 있었다. 팬티, 양말, 칫솔, 이쑤시개, 손톱깎이 등등 50여 종이 그의 총재산이었다. 나는 간디를 존경하였기 때문에 이렇게 철저하게 검소한 삶을 사는 그가 존경스러웠다.

공부를 할 것인가, 실천을 할 것인가? 오랫동안 나를 괴롭혀온 화두였다. 나는 정말 공부를 많이 하고 싶었다. 그런데 우리는 하고 싶어도 공부를 할 수 없었다. 나의 형님들은 가난 때문에 하고 싶은 공부를 하지 못했으나, 우리의 경우, 시대가 공부만 하고 앉아 있는 삶을 거부하였다. 데모를 했다. 감옥에 갔다. 이제 공장으로 가는 것이 기다리고 있었다. 실천의 길이었다.

1979년 가을 박 정권은 철옹성처럼 보였다. 학생들의 데모로는 무너뜨릴 수 없는 견고한 성채였다. 절망이 밀려 들어왔다. 그때 YH무역 여공 김경숙 씨가 신민당사에서 농성 중 떨어져 죽었다. 우리는 또다시 슬피 울었다. 이어 신민당 김영삼 총재가 국회에서 제명당하였다. 정국이 급전직하로 변하고 있었다.

10월 들어 부산과 마산에서 큰 함성 소리가 들려왔다. 윤한봉이 잡혀갔다. 광주가 부산과 마산에 동조해야 한다는 주문이 들려왔다.

10월 26일. 전남대 식당에서 데모를 선동하기로 했다. 시위대를 충장로로 몰고 가자는 전술을 짰다. 나는 열심히 심부름을 했다. 광주천변에 내려가 호박만 한 돌들을 정부미 포대에 담아 날랐다. 충장로에서 전경들과 대치하면 이 돌들로 시위를 하려는 것이다.

저녁 아홉 시가 되어도 시위대는 오지 않았다. 문국주 형이 충장로 거리를 반복하여 걸었다. 열 시. 독재자의 시신이 병원으로 옮겨진 그 시점, 우리는 거사의 패배 앞에서 절망하였다. 여관에 다시 모였다. 아침에 일어났는데, 박형선 형이 조가(弔歌)가 울리고 있다는 소식을 전하여주었다.

전남대 데모의 불발은 나에게 깊은 수치심을 남겨주었다. 더 이상 광주에 미련을 갖지 말자. 이제 현장에 뼈를 묻자. 그길로 서울로 올라와 버렸다. 여섯 달 후, 광주 시민들이 역사적 항전을 하게 될 줄은 꿈에도 몰랐다.

14 그해 겨울은 따뜻했네

더 이상 남이 벌어준 돈으로 사는 안이한 삶을 청산하고 싶었다. 세 치의 혀로 '민중, 노동자'를 씨부릴 게 아니라 몸으로 노동자로 살고 싶었다. 덜떨어진 개념으로 머리만 키운 나를 노동자의 삶으로 부숴버리고 싶었다. 굳세고 강인한 인간으로 다시 태어나게 하고 싶었다.

구로공단을 뒤졌다. 1, 2, 3공단 구석구석 다 뒤져보았으나 나를 반기는 공장은 없었다. 영등포 골목길을 하루 내내 헤매 다녔으나 나를 부르는 취업공고판은 찾을 수 없었다. 마음 한구석엔 공장생활에 대한 불안이 가시지 않았다. 포기의 유혹이 일었다. 독산동, 온수동 기계공단을 다 돌아다녔다. 노동자가 되는 것도 쉽지 않았다.

마지막으로 부평을 향했다. 눈이 녹아 길은 처벅처벅했다. 귓전을 때리는 찬바람을 맞으며 정처 없이 헤맸다. 지성이면 감천인가. "연마공 보조 약간 명, 숙식 제공" 공고문이 눈에 들어왔다. 반가운 심정과 쑥스러운 심정이 교차하였다. 용기를 내어 수위실로 들어갔다. 신정휴가가 3일까지이므로 4일 주민등록초본 두 통만 가져오면 바로 작업에 들어갈 수 있다는 답변을 받았다. 날듯이 기뻤다.

나도 노동자가 될 수 있다는 자랑스러운 소식을 맨 먼저 전하고 싶은 이는 경옥 씨였다. 발길은 절로 반포아파트로 향하였다. 난 자초지종을 설명하였다. 당분간 보기 힘들 터이니, 보고 싶더라도 꾹 참고, 책 많이 읽으라고 당부하였다. 늘 우울하였던 경옥 씨의 표정은 더욱 우울

했다. 우리는 이별을 달래기 위해 수원행 시외버스를 탔다. 그녀는 아무 말이 없었다. 수원성을 따라 침묵은 무겁게 이어졌다.

"나도 공장에 들어가면 안 돼?"

의외였다. 경옥 씨가 공장생활을 한다는 것은 가출을 의미했기 때문이다. 가출은 그동안 스물두 살이 되도록 키워준 아버지와 정면으로 맞서는 일이었다. 평소 부친의 말씀에 순종하며 살아온 그녀가 집을 나온다는 것은 나로서 상상할 수 없는 일이었다.

경옥 씨는 담요 두 장을 들고 몰래 집을 빠져나왔다. 그길로 구로공단 태평섬유로 갔다. 나는 가짜 주민등록초본을 마련해주었다. 최순임이었을 것이다. 경옥씨는 순임이가 되었다. 무슨 일을 했기에 그토록 손이 하얀가 물으면, 식모 일을 했다고 내숭을 떨기로 하였다. 이렇게 하여 생애 최초로 나는 공돌이가 되었고 그녀는 공순이가 되었다. 나는 부평에서 그녀는 구로에서 이렇게 그해 겨울 우리는 슬픈 사랑을 나누었다.

나는 가구에 부착되는 장식용 목재부품을 연마하는 작업에 배치되었다. 4킬로그램이 넘는 연마기를 잡고 니스칠 먹인 판자를 연마한다. 점심시간 무렵이면 허연 먼지로 범벅이 된 산타처럼 되었다. 마스크 두 장에 거즈를 끼워 써도 코밑이 허옇게 되었다.

고통스러운 것은 식사였다. 일이 힘든 것은 참을 수 있었다. 푸석푸석한 정부미 밥에 시래깃국, 고춧가루 몇 점 붙은 무 조각으로 삼시 세끼를 때우려니 구역질이 날 정도였다. 저녁엔 밖으로 나가 자장면을 먹었다. 자장면 곱빼기를 먹는 것은 좋았으나, 남들과 고통을 함께하지 못하는 내가 미웠다.

기숙사는 군대 내무반 같았다. 가운데 통로가 있고 좌우에 침상이 있었다. 작업이 끝나면 사람들은 이곳에서 장기를 두거나 화투를 쳤다.

컨베이어벨트의 속도에 따라 움직이는 여공들. ⓒ경향신문사

장기에 진 사람, 화투놀음에서 진 사람이 벌주를 샀다. 근처 술집에서 삽결삽을 먹었다. 통성명을 하고 고향을 맞춰보면서 한 가닥 인연을 찾으려 안간힘을 썼다. 중동으로 떠나야겠다는 이, 운전을 배워보겠다는 이, 봄이 오면 노가다로 한밑천 모아야겠다는 이······ 노동자들의 꿈은 가지각색이었다.

놀라웠던 것은 일당 1,500원으로 한 달에 30,000원을 저축하며 사는 또순이들이었다. 그들은 자신의 처지에 대해 전혀 불만이 없었다. 나는 여대생의 한 달 용돈이 100,000원이라는 사실을 알려주었다. 또순이들은 그럴 리 없다며 믿으려 하지 않았다.

공장 바닥에서 죽어 나가겠다는 나의 초심은 서서히 무너지기 시작했다. 시답지 않은 농담이야 오갈 수 있었지만, 노동자의 의식을 고취하는 일은 불가능한 것으로 여겼다. 노동문제가 무엇인지, 어떻게 해결하는 것인지 나부터 몰랐다. 난 무작정 들어온 것이다.

경옥 씨는 나보다 훨씬 힘들어했다. 아파트에서 여름에도 뜨거운 물로 목욕을 하던 그녀가 추운 겨울에 찬물로 머리를 감아야 하는 것이 우선 큰 고통이었다. 야간작업이 끝나면 아침부터 대낮까지 잠만 자는 여공들은, 그녀의 목격에 의하면 살아 있는 인간이 아니었다. 시골서 갓 올라온 어린 처녀들이 주야 맞교대 열두 시간의 작업에 시달리면, 그리운 것은 오직 잠이었다. 그렇게 일하여 버는 돈이 35,000원. 회사에선 기숙사 외출을 금지하였다.

그날 난 온종일 경옥 씨 생각으로 하루를 보냈다. 해 저물녘 도저히 일손이 잡히지 않아 조퇴를 신청하기로 맘먹었다. 어렵게 조퇴를 따냈다. 겨울 해는 이미 기울고 있었다. 기다리는 버스는 왜 빨리 안 오는 것인지…… 부평에서 구로동으로 가는 버스를 탔다. 태평섬유 수위실 창문 앞에 섰다. 마음을 가라앉혔다. 면회를 신청하였다. 수위아저씨는 퉁명스럽게 뱉었다.

"갸? 기계나 부러뜨리는 아? 작업시간에 기숙사에 들어가 잠이나 자는 갸 말이야? 나갔어."

가슴이 덜컹하였다. 사고가 난 것이다. 어디로 갔을까, 어디로 갔을까? 불안이 엄습하였다.

"언제 나갔습니까?"

"30분 전."

앞이 깜깜하였다. 안타까움에 발걸음이 뒤틀렸다. 이 넓은 서울 바닥에서 어떻게 찾는다는 것인가? 기대한 환희의 만남은 거품처럼 꺼지고, 가슴은 한없이 가라앉았다. 집에는 들어가지 않았을 것이고…… 찾을 길은 없고…… 부평으로 가는 전철을 탔다. 부평역 앞, 그 휑한 벌판을 보았다. 순간, 저기서 낯익은 여인의 치마가 걸어오는 것이다. 그녀는 터벅터벅 고개를 숙이고 역 쪽으로 걸어오고 있었다.

이 기쁨! 이 환희! 나는 잽싸게 돌아가 뒤에서 눈가림을 하였다. 놀라 돌아보는 그녀의 눈가엔 원망과 반가움의 눈물이 고여 있었다. 하늘은 하나 둘 눈발을 흘리기 시작했다. 가끔씩 지나가는 자동차의 불빛에 눈은 더욱 거세게 휘날렸다. 그녀는 나의 팔에 매달렸다. 어려운 이야기가 있는데 들어줄 수 있겠느냐 물었다. 무얼까?

나는 그녀를 처음 만날 때부터 그녀의 부유한 환경, 고생을 모르고 자라온 이의 순수한 마음을 못내 걱정하였다. 나는 권력과 부와 명성을 좇는 세속의 삶을 거부하고, 민중의 삶 한가운데에서 폭풍처럼 휘몰아치는 고난 속을 뚫고 지나갈 것이다. 평생의 동지요, 반려자로 살아주어야 할 나의 여인은 너무 연약하였다. 그 연약함이 드러날 때마다 나는 먼 장래를 위하여, 서로를 위하여, 이별의 결단을 고뇌하여왔다.

"노동자로 살 수 없어요."

가출을 하여 공장에 들어가겠다고 했을 때 그녀는 더할 나위 없이 아름다웠다. 그런 만큼 노동자로 살 수 없다고 말하는 그녀는 실망스러웠다. 그러한 나의 심리를 잘 알기에 그녀는 더욱 어렵게 고백을 한 것이다. 기계소리만 들으면 지긋지긋하다는 그녀의 단언은 더 이상 나를 보기 싫다는 절교의 고백으로 다가왔다.

나 역시 공장생활을 오래 버텨내지 못하였다. 기숙사의 맨 끝, 입구 쪽에 자리 잡은 나에게 겨울 외풍은 독감을 안겨주었다. 매일 들이마시는 나뭇가루와 독감은 젊은이의 건강을 녹여버렸다. 매일같이 가래가 쏟아져 나오고, 머리는 멍했다. 식욕도 떨어지고, 오후엔 등에 식은땀이 흐르고 다리가 후들후들 떨렸다. 병원에선 기관지염이라고 진단하였다. 공장을 나왔다.

15 자유

돌이켜보니 광주는 70년대 민주화운동의 견고한 거점이었다. 서울대 학생운동권이 그 한 거점이었다면, 광주는 그에 못지않은 순수와 열정, 끈끈한 인간애가 살아 있었던 저항의 거점이었다. 광주는 독재자의 총칼 앞에 무릎을 꿇지 않았다.

1980년 5월 18일 모든 대학생들이 공수부대의 총검 앞에 무릎을 꿇었다. 전남대생들은 시위 대오를 교문 밖으로 밀고 나왔다. 광주는 저항했다. 저항의 도시 광주, 그 한 중심에 윤한봉과 김남주 그리고 일단의 형제들이 전국적 영향을 미치며, 미치듯 뛰어다니고 있었다.

나는 김남주 형을 딱 두 번 보았다. 1975년 3월 어느 날이었다. 전남여고 앞 길목 카프카서점에 들렀다. 책도 팔고, 튀김도 파는 이상한 서점이었다. 서고엔 『창작과비평』 잡지밖에 없었던 것 같다. 이 서점 주인이 김남주 시인이었다. 그는 나에게 유인물 한 뭉치를 주었다. "광우야, 이것 뿌려라." 새벽 일찍 등교하여 나는 급우들의 책상 속에 유인물을 한 장 한 장 고이 집어넣었다.

이후 그는 사라졌다. 한동안 보이지 않던 그는 1979년 '남민전 전사'가 되어 우리에게 돌아왔다. 남민전, 즉 남조선민족해방전선 준비위원회는 박정희 독재정권을 타도하기 위해 결성된 지하조직이었다. 김지하 시인이 그러하였듯이, 김남주도 감옥에서 우유곽에 못으로 시를 새겨 세상에 내보냈다. 1980년대 우리는 그의 시를 읽으며 전사로 성장하였다. 「전사 1」 한 대목이다.

일상생활에서 그는

조용한 사람이었다
이름 빛내지 않았고 모양 꾸며
얼굴 내밀지도 않았다

무엇보다도 그는
시간 엄수가 규율 엄수의 초보임을 알고
일 분 일 초를 어기지 않았다
그리고 동지를 위하기를 제 몸같이 하면서도
비판과 자기비판은 철투철미했으며
결코 비판의 무기를 동지 공격의 수단으로 삼지 않았다
조직생활에서 그는 사생활을 희생시켰다

내가 두 번째 김남주를 만난 것은 1991년이었다. 그때 그의 몸속엔 암이 자라고 있었다. 소련이 무너지고 그의 몸도 무너져 내렸다. 나를 투쟁의 길로 끌어들인 김남주, 그는 늘 우리의 위선을 노려보고 있었다.

사람들은 맨날
겉으로는 자유여, 형제여, 동포여! 외쳐대면서도
안으로는 제 잇속만 차리고들 있으니
도대체 무엇을 할 수 있단 말인가
도대체 무엇이 될 수 있단 말인가
제 자신을 속이고서.

—「자유」부분

'사상의 거처'를 찾아 고뇌하던 그와 진지한 대화 한 번 나눠보지 못했는데, 시인은 1994년 2월 그렇게 우리 곁을 떠났다. 윤한봉 형에게 가끔씩 시인의 자취를 건네 듣는다.

　　남주는 별명이 '물봉'이었어요. 투쟁을 하거나 시 쓸 때를 제외하고는 항시 어린애처럼 소웃음을 웃으며 초탈한 듯 살았어요. 천진난만한 소년이었지요.

　　남주가 전남대 원서 내러 갔지요. 영문과에 여학생이 제일 많다는 말을 듣고 그냥 영문과로 써버렸대요. 수업시간에 영어 교수가 뭐라고 떠드니까 뒤에서 '허허허' 웃어, 갑자기 교실이 찬물 끼얹은 듯 조용해졌어요. 교수가 당황해서 쳐다보니, 남주가 "웃기지 마슈" 하며 씨익 웃고 나와 버렸대요. 실력도 없는 것이 아는 체한다는 거지요.

　　매일 책 도둑질이나 하고 다니고, 카투사 다니던 친구한테 책 빌려오라고 하고, 영어 실력이 뛰어나니까 번역해서 돌려보고 그랬어요. 일어로 빠리꼬뮌 가르치다 78년에 수배 상태가 되지요. 도피하면서 목포 결핵요양원에 숨어 있다 서울로 올라갔어요. 서울에 있는 동안 석률이가 꼬드겨 남민전에 가입하지요. 78년 6~7월 여름쯤 일이었어요. 내가 남주 도피처에 찾아갔더니 남주가 이런 말을 했어요.

　　"형님, 형님이 깃발을 드쇼. 내가 프로파간다를 맡을게."

　　목숨 걸고 싸워야지, 유인물 뿌리고 감방 갔다 오는 것으로는 안 된다는 거였지요. 지하조직을 만들자는 겁니다. 내가 그랬어요. "남주, 두 달만 기다려." 그랬더니 "만약 두 달 기다려도 형님이 아무 말 없으면 다른 일 하겠소"라고 했어요. 나중에 알고 보니 그즈음 석률이가 남주를 꼬드겼고, 남주는 그쪽보다 내 쪽에 마음을 두고 있던 처지라 두 달 뒤에도 결정이 안 나면 석률이 쪽과 일을 하겠다는 거였어요. 나는

남민전 사건의 첫 공판. 맨 앞에 서
있는 사람은 이재문, 그 뒤 김남주.
ⓒ 경향신문사

약속을 지키지 못했어요.

그 뒤 석률이가 광주에 왔지요. 광주에서 내로라하는 사람들을 전부 꼬드겼어요. 남민전 전남 총책을 맡길 사람을 찾았던 겁니다. 모두들 합수(윤한봉의 별칭 — 저자) 형한테 가서 말해보라고 했던 모양입니다. 이 친구 말을 들어보니 예비군 훈련장에서 실탄 없는 총을 구했다나요. 나는 속으로 웃었어요. 우리는 박정희 암살 계획을 세운 적이 있었는데…… 수류탄에 다이너마이트까지 준비해둔 적이 있었는데……

이야기하는 것을 들어보니 뭔가 불안했어요. 뻥이 심했어요. 그래서 그다음 날 바로 서울로 올라갔지요. 당시 이해찬하고 최권행이가 출판사를 하고 있을 때였어요. 돌베개인지 한마당인지 모르겠어요.

대학로 혜화동로터리 부근 빵집으로 권행이를 불러냈어요. 서울에서 뭔가 무장투쟁을 지향하는 지하조직이 움직이는 것 같은데 그 조직 얼마나 신뢰할 수 있는지 판단이 안 서니 알아봐 달라고 부탁했지요. 권행이가 좀 앉아 있으라고 하더니만 두 시간도 채 안 돼 남민전 강령을 내놓는 거예요. 나는 곧바로 "알았다. 나를 만난 일은 없었던 것으로 하자"고 하고 광주로 내려왔어요.

광주 동지들을 천변에 모았어요. 그러고는 석률이가 말한 조직은 1년 내로 박살 난다고 말했지요. 보안에 문제가 많은 조직이니 앞으로 남민전 쪽 친구들이 내려오면 절대 만나지 말라고 당부했어요.

광주 친구들은 끼가 있어요. 만약 결사대를 만들고 자원할 사람을 모으면 전라도 사람이 제일 먼저 나갈 거예요. 학영이, 석삼이, 석률이, 남주의 기질이 그랬어요. 그래서 남민전의 혜성대원을 맡은 거지요. 날카롭고 강하면서도 집요하고 끈질겨요. 광주는 집요한데, 이 기질은 역사지요.

1990년 내가 미국에 있을 때 남주가 전화를 했어요. 후배들이 엄청 몰아친다는 거예요. 자신을 재교육 대상으로 취급한다는 하소연이었어요. 당시 방방 뛰는 후배들이 많았어요. 경험 많은 선배들은 용어도 점잖게 쓰는 등 조심스럽게 행동하는데, 이 친구들은 10분 정도 이야기해보고 '저거 재교육 대상'이라고 낙인찍고 그랬다는 거예요. 남주가 많이 당했어요. 이 과정에서 상처 무지하게 받은 거예요.

한 번은 남주의 강연 다니는 문제에 대해 내가 지적을 한 적이 있었어요. 남주가 그랬어요. "형, 먹고 살아야 하는데 어쩌겠어요?"

남주의 가슴이 얼마나 아팠을까요?

16 저항의 구심

1980년 윤상원의 죽음은 한 사람의 죽음으로 끝나지 않았다. "사랑도 명예도 이름도 남김없이" 그는 갔지만 그의 의로운 넋은 젊은이들의 양심 속에서 부활하여, 산 자들의 정신이 되었다. 광주의 정의로운 넋이 있었기에 1987년 6월 대항쟁이 가능했다는 판단에 대해 이의 제기할 역사가들은 없을 것이다.

1979년 내가 본 광주는 민주항전의 한 중심이었고, 이 중심의 한가운데에 윤한봉 선배가 서 있었다. 나는 그렇게 보았다. 감옥에 간 후배들 옥바라지하고, 출감한 후배들 밥 사주고, 여성들의 힘을 모아 '송백회' 만들고, 광주의 온갖 대소사에 그는 헌신하였다.

1975년 4월 9일 인혁당 관련자 여덟 명이 사형을 당했다. 사형이 집행된 날, 윤한봉은 대학 도서관 앞 잔디밭에서 일어나 악을 질렀다 한다.

"이 한 몸 역사의 제단에 바친다."

그는 민주주의를 위한 본격적인 투신을 결의한 것이다. 흥분을 가라앉히고 곰곰이 생각해보았다고 한다. '이런 무서운 독재자를 4·19 때처럼 한바탕 돌 던지고 총 쏘고 피만 흘리면 엎을 수 있다고 생각하는 것은 환상이다.' 뼈저리게 후회하였다.

'데모로는 안 된다. 적장을 봐버려야 한다'고 생각했단다. 동료들과 구체적으로 논의했다. 테러를 생각한 것이다. 그런데 원거리 망원경이 달린 저격용 총을 구할 수 없었다. 수류탄과 다이너마이트를 준비하기로 결정했다. 긴 이야기 없이 한 목숨 걸고 일을 처리하자는 것이었다.

윤한봉의 성장 과정

그가 저항적이고 비판적인 사람이 된 것은 집안의 영향이 컸다. 그의 집은 쉽게 말해 야당 성향이었다. 아버지와 큰형은 맨날 밥상머리에서 이승만을 욕했다고 한다.

한봉은 초등학교에 들어가기 전 1년간 서당에 다녔다. 1954년경의 일이다. 서당에서 장원을 하면 아버지가 그에게 풀빵을 사주었단다. 그는 천자문을 배웠는데,『중용』『대학』등을 배우는 덩치 큰 형들과 같이 공부했다.

형들이 연애편지 갖다주라고 시키면 편지 심부름하고, 형들이 수박 서리하면 망보고 그랬단다. 형들 밑에서 똘마니짓을 하면서 '남자는 배짱, 여자는 절개'를 배웠다는 것이다. 언어가 무섭다. '겁날망정 사나이는 배짱' 하면서 유년 시절 자랐단다. '사나이 배짱' '장부 일언 중천금'과 같은 말들이 어린 윤한봉의 성격을 물들인 것이다.

그의 아버지 취미는 남 보증서는 것. 초등학교 4학년 때 집안 살림이 쫄딱 박살났다. 조상들에게 물려받은 문전옥답 다 팔아치웠다. 중학교 갈 즈음엔 정말 힘들었다.

광주의 조대부중에 입학했는데 장학생으로 뽑혔다. 당시 경쟁률이 27대 1. 1961년에 5·16쿠데타가 일어났는데, 담임이 설문조사를 했다. 내용인즉, 군사혁명 이후 살기 좋아졌다고 생각하는 사람 손들어 보라는 거였다. 거의 전부가 손들었다. 살기 나빠졌다고 생각하는 사람은 윤한봉 혼자였단다. 방학 때 고향 집에 가면 아버지와 큰형이 맨날 박정희 정권을 욕하니, 어린 한봉은 살기가 당연히 더 힘들어졌다고 생각한 거다.

고등학교 때 한일협정 반대시위가 있었다. 그는 한일협정 반대시위의 뒤꽁무니를 쫓아다녔단다. 고등학교 1학년 때 첫사랑의 상처 때문

에 지독한 방황을 하였다. 당연 성적
이 좋지 않았다. 고3 때는 40여 일을
땡땡이쳤고, 결국 대학 진학을 포기
했다.

절에 들어갔다. 몇 달간 절간에
살았는데 그래도 마음이 안 잡혔다.
하루 종일 물가에서 낮잠 자고. 사춘
기는 묘한 것, 호르몬부터 시작해 내
부에서 작동하는 에너지를 감당하지
못하였다.

스스로 통제가 안 되어 군대에 지
원했다. 대한민국 최북단 강원도 인
제 보병사단. 북한의 대남방송이 들
리는 곳에 배치되었다.

윤한봉. 그는 광주항쟁 배후 조종자로 지목되어
1981년 천신만고 끝에 미국으로 밀항하여 13년간
망명생활을 해야 했다. ⓒ이순규

군 생활 여덟 달째에 김신조가 내려왔다. 1968년의 일이다. 김신조
피해를 정통으로 받았다나. 고생 허벌나게 했단다.

병장들이 덜덜 볶더라는 것. 그때 대학 가야겠다고 다짐했다. 참모
부 근무병들은 다들 대학 중퇴자나 휴학생이었는데, 배운 놈들이 사람
을 더 괴롭혔다. 덜 배운 사람은 두들겨 패기만 하는데 배운 놈들은 교
묘한 수단으로 괴롭혔다는 것. 위선에 치를 떨었다.

그는 후임병에게 손 한 번 안 댔단다. '진짜로 훌륭한 지식인이 뭔지
보여주겠다'는 다짐을 하며 대학에 갔다.

농대 축산과에 다녔는데 임학과의 조경학을 수강 신청해 A학점을
받았다. 이 세상에서 가장 좋은 정원을 꿈꾸었다. 한봉은 조경학 공부
를 하면서 아라비아, 일본, 중국 등에 특이한 정원이 있다는 사실을 확

인했다. 자신이 상상했던 정원들이 이미 수천 년부터 존재하고 있었다는 것. 세계에서 가장 아름다운 정원을 가꾸겠다는 꿈이 허망해지는 순간이었다.

깨달음

1974년 4월 민청학련 사건에 연루되어 안양교도소에 투옥되었고, 대전교도소로 이감 갔다. 『다산시문선』이라는 책이 들어왔는데, 그는 그때 받은 충격에 대해서 이렇게 말한다.

그때만 해도 나는 민중의 참뜻을 잘 몰랐던 겁니다. 정약용은 강진에서 유배 생활하면서 민초들의 처참한 삶과 탐관오리의 만행을 폭로했어요. 기가 막힐 일이죠. 200년 전에 쓴 글을 보고 눈물을 펑펑 쏟았어요. 권력자들의 횡포로 민중이 이렇게 착취를 당하고 살았구나, 처음 깨달은 겁니다. 서러웠어요. 눈물을 허벌나게 흘렸어요. 민중의 삶에 대해 눈을 뜨게 된 계기였습니다.

유배지에서 아들에게 보낸 편지가 있어요. 정약용은 식량 증산을 강조하지요. 놀리는 땅 없이 작물을 심고 개간하고, 저수지나 연못 같은 곳도 놀리지 말고 뗏목을 만들어 콩을 심으라고 해요. 충격적이었어요. 나는 뗏목 만들어 그 위에 정자 짓고 음풍농월하려는 계획을 세우고 있었는데 다산은 그 공간도 살려 농사를 지으라고 한 겁니다. 처참했어요.

정약용은 집안 자체가 조선 왕조의 명문거족이잖아요. 나하고는 신분적으로 비교가 안 되는 양반이었어요. 그런데 나는 '남자는 배짱, 여자는 절개' 그 정도밖에 안 되는 위인인데, 그분은 굶주린 민중들을 위해 생산적인 사고를 한 겁니다. 나는 얼마나 한심한 놈이었습니까?

동지애

한봉은 징역을 살면서 '동지'가 뭔가에 대해서 고민했다. 동지의 뜻을 사전에서 찾아보면 '뜻을 같이하는 사람'으로 나온다. 추상적이고 애매하다. 그는 석방된 다음에 고향의 선배 한 분을 만났다.

"선배님, 동지가 뭡니까?"

"유무상통(有無相通)하는 사이이지."

유무상통. 순간적으로 '맞다, 이거다'라고 감이 왔다. 젊었을 때야 있는 놈 없는 놈 가릴 것 없이 뜻 하나로 같이 모여서 일을 한다. 그런데 결혼해서 가정을 갖고 나면 달라진다는 것이다. 가난한 놈은 집세 걱정, 부인 병원비 걱정, 자녀 학비 걱정을 하고 가진 놈들은 돈 벌 궁리만 한다는 거다. 진정한 동지는 뜻도 같아야지만 서로 어려울 때 함께 나눠 먹는 거, 그게 동지다.

그는 1978년에 재산목록을 작성했다. '내가 가지고 있는 것이 무엇인가? 불필요한 것은 필요한 사람들한테 나눠주자. 유무상통할 수 있는 내 자신의 준비부터 갖추자.' 1번이 만년필, 2번이 자동면도기, 3번이 손목시계. 이렇게 고무신, 팬티, 러닝셔츠까지 전부 적었더니 56번까지 나왔다. 두 벌 이상 있는 옷 다 나눠주었다. '딱 필요한 것만 가지고 산다.'

정상용이가 결혼식을 못하고 동거하고 있었어요. 결혼식을 올려주어야겠는데 돈이 없어. 박형선이가 보성에서 독사, 화사, 능사로 뱀술을 만들었죠. 뱀술 수십 통을 땅에다가 묻어놓았어요. 고놈 팔아서 상용이 결혼식 치렀지요. 그렇게 살았어요. 78년도 광주 운동권이 굉장히 활성화되었어요.

예비검속

1979년 10월 부마항쟁이 터진 직후, 한봉은 광주 서부경찰서 숙직실로 또 끌려갔다. 웬 놈들이 의자 두 개 사이에 몽둥이를 걸어놓고, 양동이, 물, 주전자 등 고문에 필요한 만반의 준비를 해놓고 그를 기다렸다. 들어가자마자 덩치 큰 놈들이 붙어가지고 옷 벗기고 수갑 채우고 두 팔 사이에 무릎을 넣고 오금에 장대 끼우고 의자 사이에 매달아 물고문을 시작했다.

부산과 마산에서 터지니까 긴장한 것이었다. 광주에서 불쏘시개 할 놈들을 사전에 잡아들이라는 지시가 떨어진 것. 고문관들은 정보부 요원도 아니고, 경찰 출신도 아니고, 그냥 전경 중에서 덩치 좋은 놈들, 사람 때리는 것을 즐기는 놈들이었다.

엄청 심하게 고문을 당해부렸어요. 물고문을 당하면 몸부림을 쳐요. 그러니 몸을 묶어놓고 물고문을 해요. 하도 몸부림을 치다 보니 허리가 부어버렸어요. 벽에 기대지도, 앉지도 못했어요.

사흘째 되는 날 밤이었어요. 나를 가운데 눕히고 두 놈이 양쪽에 누워 자기들의 발목·팔목과 나의 발목·팔목 사이에 수갑을 채우는 거요. 놈들은 코 골고 잤어요. 내가 꼼지락만 거리면 발로 차고 때렸어요. 즈그들은 밑에다 자리를 깔고 자고.

시월이라 숙직실은 찬데 내 자리에는 아무것도 안 깔았어요. 이놈들이 물고문할 때 이상한 냄새가 나는 물을 부었어요. 얼굴은 사정없이 가렵지, 등은 차지, 몸 여기저기가 저려오지, 움직이면 때려불지.

27일 아침이 되니까 이놈들이 수갑을 풀어주더구만. 그러고선 '다 같은 국민이고 나라 걱정하는 방법이 다른 거 아녀? 몸은 어때?'라고 물

으며 담배를 건네며 이상한 짓거리를 시작했어. 이상한 짓거리의 시작
은 또 다른 방법으로 괴롭히는 것의 시작을 의미하지. '이 새끼들 또 뭔
짓거리 할라고 이러나.' 고민하고 있는데, 모르는 놈이 하나 들어 오더
만은 벽에 탁 기대앉아 '어허 나라가 걱정돼, 나라가 걱정돼' 하는 거
야. 방송에서 뭐락뭐락한디 들어보니 "유고…… 계엄령……" 하는 거
야. '유고, 계엄령, 나라가 걱정……'

　'아! 박정희가 죽었구나!' 느꼈지. 순간 발끝부터 간질간질해갖고,
그런 쾌감은 아직 느껴본 적이 없었어. 온몸이 간질간질하면서 '아, 살
았다. 더 이상 고문 없다, 박정희 죽었다, 세상 바뀐다' 하는 생각이 들
었어.

얼마나 먼 바다를 건너야 갈매기는 쉴 수 있나

얼마나 긴 세월 흘러야 사람들은 자유를 얻나

흐르는 물처럼

이 서울의 봄

1979년: 대통령 죽다. 그리고 어느 날, 문득, 멀리서, 모두, 한꺼번에
돌아오다.(황지우 「활엽수림에서」 부분)

1980년 서울의 봄은 그렇게 어느 날, 문득, 멀리서, 모두, 한꺼번에
왔다. 학생들은 분주하게 돌아다니고 건물 벽면은 온통 대자보로 도배
되었다. 활기가 넘쳤다. 등교하면 맨 먼저 '자유의 벽'에 게시된 대자보
를 읽는 것으로 하루가 시작되었다.

우리들은 대자보에 공시된 새로운 내용에 감탄하면서 시간 가는 줄
몰랐다. 특히 박정희를 살해한 김재규의 최후진술서는 놀라운 것이었
다. 부산과 마산에서 학생들의 시위가 시민과 결합하기 시작하자 박정
희는 발포 명령을 내리겠다고 했다는 것이다. 10~20만 명쯤 죽이는 것
은 아무 일도 아니라는 것이다. 1980년 민주화의 봄은 대자보에서 꽃피
기 시작했다.

민주의 봄은 왔는데 사랑의 봄은 오지 않았다. 공장생활에서 좌절한

경옥 씨는 이별을 마음먹고 있었다. 헤어지자고 했다. 더 좋은 여자가 있으면 그 편으로 가라는 것이다. 이게 무슨 말이냐?

떠나라는 것인지, 떠나겠다는 것인지, 가라는 것인지, 가겠다는 것인지 여자의 마음은 알 수 없었다. 4월 어느 날 리영희 선생의 숙대 강연이 있어 갔다. 반가운 표정이 없었다. 그렇잖아도 늘 우울한 표정이었던 여자였는데, 더욱 우울하게 헤어졌다.

"비상계엄 해제하라!"

학생들이 아크로폴리스를 메우기 시작했다. 5월 2일 민주화대총회가 열렸다. 교문에서 아크로폴리스까지 이어지는 대열은 끝이 없었다. 12,000여 명의 학생들로 광장이 넘쳐났다.

'학우여'의 '학' 자도 외치지 못한 채 끌려갔던 1년 전의 시절이 떠올랐다. 눈물이 났다.

"노동3권 보장하라."

인문대생을 선두로 14개 단과대가 교문 앞으로 행군했다. 스크럼의 대열은 물결이요 파도였다. 선두가 교문에 당도했는데 후미는 보이지 않았다.

어둠이 찾아오자 '서울대의 밤'이 열렸다. 심야 성토대회였다. 밤이 깊어갈수록 토론은 열기를 더해갔다. 자정 무렵 마당극이 상연되었다. 1979년 10월 26일 궁정동 사건을 극화한 것이다. 가수 심수봉의 노래가 인기리에 애창되었다.

유신하면 생각나는 그 ××.
양주보다 막걸리를 좋아했지.
학생과 민주인사 구속하면서
민중을 우롱하던 그때 그 ××.

그 어느 날 궁정동에서 총 맞았지.
세상에서 제일 믿던 재규에게
아니야 난 괜찮아 빤스나 입어라
고개를 떨구던 그때 그 ××.

연극은 막을 내렸고 우리들은 햇불을 밝혔다. 「햇불을 들자」는 노래를 불렀다.

햇불을 들자, 햇불을 들자.
어둠을 물리치는 햇불을 들자.
이 산 저 산 이 마을 저 마을
어둠을 물리치는 햇불을 들자. 들자!

행복한 밤이었다. 우리는 도서관 4층에서 잠을 잤다. 한참 자고 있는데 누군가가 나를 깨웠다. 일어나 나가보니, 도서관 입구에 여인이 서 있었다. 보온병에 끓인 커피를 담아왔다. 며칠 전 이별을 통지한 여인. 고생하는 애인을 도와주고 싶은 마음이 진하게 묻어 있었다. 돌이켜보면 세상이 아프면서 우리의 사랑은 깊어갔다.

5월 15일, 나는 서울시내 35개 대학 서울역 집회에 갈 수 없었다. 온종일 유인물을 제작하는 일이 나의 임무였기 때문이다. 등사기로 미는 것이 너무 느려 인쇄기를 찾아다녔다. 노량진에 가면 가톨릭노동청년회(JOC) 사무실이 있었는데, 그곳의 인쇄기가 쓸 만하였다. 마스터인쇄기였다.

다음 집회에 쓸 유인물 10만 장을 찍어놓고 학교에 왔다. 그런데 절망적인 소식이 들렸다. 서울역에 집결한 10만 군중에게 저녁 무렵 해산

1980년 5월 15일 서울역 앞 대학생
연합 집회. ⓒ조선일보사

명령을 내렸다는 것이다. 우리는 미쳤다. 그날 저녁 서대문의 빈민가 니나노집에 들어갔다. 안기석, 정요섭 그리고 나 셋이서 돈도 없이 밤 한 시까지 마셨다. 술을 마셨다기보다 발광했다. 학생증과 시계를 맡기고 어떻게 빠져나왔는지 기억도 희미한 채 서대문 비탈길 기석이의 자취방에 쓰러졌다. 17일 자정을 기해 비상계엄이 전국으로 확대되었다.

자정이 가까워지자 탱크, 장갑차, 트럭 등이 요란하게 밀려오는 소리가 들렸어. 창문을 통해 보니 시커먼 물체들이 학교 안으로 이동하고 있었지. 아침 비명소리에 잠을 깨었어. 공수부대원들에게 구타를 당한 학생의 소리였지. 공수부대원이 문을 박차고 들어섰어. 다짜고짜로 우리를 일렬로 세우더니 기합을 주더군. 동작이 뜨다며 군홧발로 걷어차고……   ──이정훈 외 『저들에 푸르른 솔잎을 보라』(거름 1985)

5월 18일 오전 서울대 기숙사의 상황은 이러하였다.

o2 운명을 비트는 힘

나는 학자가 되고 싶었다. 학자가 될 수 있었다. 훗날 나의 후배들이 미국에 유학 가 5년 만에 박사학위를 따 오는 것을 보면 나도 어렵지 않게 박사를 따고, 지금쯤 흰머리 휘날리는 교수가 되어 평화롭게 젊은이들과 이야기꽃을 피우며 살고 있을 것이다. 인생에는 자신이 하고 싶어 하는 일을 하지 못하게 하는 힘, 한 인간의 자유의지를 비틀어버리는 묘한 힘이 있는 것 같다.

내가 1980년 5월 평창동의 박윤배 집에 들어가지 않았더라면, 지금 친구는 우리나라에서 가장 평온한 삶, 존경받는 삶을 살고 있을 것임이 분명하다. 후회하는 것은 아니다. 윤배나 나나 잘못 선택한 것은 아니었다. 하지만 나와 윤배의 조우가 그렇게 거센 고난의 폭풍을 윤배의 가정에 가져다줄 줄 몰랐다.

인연은 새로운 인연을 낳고 새로운 인연은 또 다른 인연을 낳는다. 그 인연의 연쇄고리가 어디로 이어질지, 내가 던진 자그만 조약돌 하나가 어디까지 파문을 번지는지 전혀 몰랐다.

『아무도 미워하지 않는 자의 죽음』이라는 조그만 책을 펴낸 청사출판사의 문턱을 넘어선 것도 참 기이한 인연이다. 나에겐 첫 사회생활이었던 청사출판사 편집장 시절은 보름으

잉게 숄 『아무도 미워하지 않는 자의 죽음』(박종서 옮김, 청사 1978). 나찌에 저항한 독일 청년들의 삶과 죽음을 그린 작품.

로 끝났다. 하지만 그 짧은 보름 동안의 일들은 이후 10여 년 아니 지금까지도 파문을 일으키고 있다.

출판사의 실무를 접하기도 전에 나는 박병태 유고집 『벗이여 흙바람 부는 이곳에』를 팔러 다니는 일을 하였다. 박병태 형은 같은 학회 선배였는데, 중국의 루쉰과 불교에 심취하였던, 참으로 독특한 인물이었다. 깨끗한 선비라고 할까, 수도승이라고 할까? 형의 인품은 사회과학적 언사를 남발하며 상대 기죽이기에 여념 없던 운동권 선배들과 격이 달랐다. 늘 온유하고 조용한 이였다. 후배들의 이야기를 들어주길 좋아하고, "마, 난 모르겠다. 광우, 니는 우이 생각하노?" 하고 물어보길 좋아하는 부산 출신의 순박한 촌놈이었다.

그가 군대 휴가 차 서울에 나와 한강변에서 의문의 죽음을 맞게 된 연유를 굳이 파고들고 싶진 않다. 박 선배의 일기와 편지를 유고집으로 내겠다고 결정한 사람은 청사의 사장이었으나, 유고집 판매망을 조직하고 수금하는 일은 내가 도맡았다.

나는 1978년 여름, 금서 『학생과 사회정의』(브라이텐슈타인 저)를 접하고 깊은 감동을 받은 나머지 이 책을 비밀 인쇄하여 배포한 경험이 있다. 빈곤의 악순환 고리와 이를 극복하기 위한 사회민주주의 정책들이 너무 마음에 들었다. 내가 아는 모든 지인들에게 읽히고 싶어 1,000부를 찍었다. 서울대 지인들을 비롯하여 광주일고 지인들 그리고 대방동 이바돔야학에서 만난 지인들을 통해 연고 판매망을 조직하였다. 100명을 만나면 1,000부를 금방 소화할 수 있다고 보았다.

종자돈으로 10만 원이 들어갔는데, 수금을 하니 20만 원이 걷혔다. 종자돈을 꾸어준 여대생에게 빚을 갚으려 하는데, 그녀는 한사코 돈을 받으려 하지 않았다. 종자돈을 꾸어준 것만도 고마운 일인데, 10만 원이라는 거금을 나에게 다시 돌려준 것이다. 이 여학생은 지금 내 아들을 거두고 있다.

판금서적을 배포하는 일은 신나는 일이다. 함부로 접할 수 없는 책을 만나는 기회를 주는 일이기 때문이다. 일종의 '굿 뉴스'를 전파하는 일이었다. 그런데 책값을 회수하는 일이 만만치 않았다. 여학생들은 아주 정직했다. 이와 정반대로 남학생들은 뻔뻔했다. 술 먹어버리고 없다고들 했다.

박병태 유고집은 3,000부를 찍었다. 그중 내가 2,000부를 연고로 판매하였다. 책의 성격상 서울대 지인들에게 집중 판매할 수밖에 없었는데, 남자들은 돈을 주지 않았다. 결국 이 일로 나는 경제적 파산 상태에 놓이게 되었다. 사장님에게 100여만 원을 빚진 것이다.

그 당시 편집장 월급이 15만 원이었는데 나는 첫 월급을 그대로 반납하고 사직을 하였다. 100만 원의 채무를 갚기 위해선 번역작업에 돌입할 수밖에 없었다. 그때 이미 나는 20여 권의 사회과학서를 청사에 기획하여주었다. 그 책들을 내가 번역하면 되는 것이었다. 그렇게 하여에른스트 만델의 『후기자본주의론』을 번역하였고, 마크 페로의 『1917년 10월 혁명』을 번역하였다. 일본 오오쯔끼서점의 『경제학사전』이 풀빛출판사에서 출간된 것도 거슬러 올라가면 청사의 인연 때문이었다.

o3 붉은 벽돌

1981년 우리는 조용히 살 수 없었다. "왜 찔렀지, 왜 쏘았지, 트럭에싣고 어딜 갔지." 망월동의 부릅뜬 눈은 우리를 지켜보고 있었다. 지난날은 선배들의 손길에 이끌려 운동을 하였다면 이제 역사의 수풀을 내손으로 헤쳐 나갈 때가 왔다.

가야 할 길이 보이지 않으면 지나온 과거를 더듬는 것인가? 『러시아혁명사』는 흥미 있는 책이었지만 우리의 등대는 아니었다. 나는 본능적인 감각으로 일제하 독립투사들의 삶을 찾아 나섰다.

그때 묻힌 기억이 떠올랐다.

"자네 빵잽이지."

"네, 그렇습니다."

"나, 황석영이야."

"아니, 선생님을 이렇게 뵙다니요."

황석영 선생과 나는 1979년 8월 광주에서 서울로 올라가는 고속버스에 동승했다. 바로 옆 자리에. 천재적 직감의 소유자 황석영 선생은

일제하 독립투사들에 관한 박갑동 회
고록 「남기고 싶은 이야기들」(중앙일
보 연재).

더부룩한 옷매며 아직 덜 자란 머리털을 보고 빵잽이임을 간파하였던
것이다.

"일제하 사회주의 운동사를 알려면 무슨 책을 봐야 하나요?"

"음, 괜찮은 자료가 하나 있지. 1973년 『중앙일보』를 찾아봐. 박갑
동 씨가 회고한 박헌영 일대기가 있을 거야."

"『객지』는 감옥에서 잘 읽었습니다."

"내 새끼들은 데모 없는 세상에서 살아야 할 건디."

고속버스에서 오간 대화 한 구절이 그때 번쩍 떠올랐다. 그길로 서
울대 도서관엘 갔다. 황석영 선생이 알려준 대로 1973년 『중앙일보』를
찾으니 박헌영 일대기가 실려 있었다. 박헌영 선생의 아들 원경 스님은

박갑동의 회상기를 보고 불쾌했을 것이다. 부친을 파괴분자로 기술하였으니 말이다. 박갑동은 젊은 날의 그리움을 있는 그대로 기술하고 싶었겠지만, 군사독재정권은 박갑동에게 노예적 언어를 강제하였을 것이다.

나에겐 모든 사실이 새로웠다. 엄마 젖 빨듯 빨아먹었다. 반공주의적 수사는 내게 아무것도 아니다. 반공주의를 다시 부정하면 되는 것. 나에겐 사실(fact)이 필요했다. 박갑동 씨는 일제하 사회주의 운동의 진실을 후대에게 남기고 싶었던 것이고, 나는 노예적 수사들 속에 숨겨놓은 역사의 진실을 주워나갔다.

이재유가 눈에 띄었다. 한 학생이 서점에 『자본론』을 사러 왔다. 이재유는 이 학생을 공원으로 유도하여 『자본론』을 육성으로 들려주었다. 이재유는 '걸어 다니는 자본론'이었다. 일경에 붙들렸으나 세 번이나 탈주했다. "그 추운 겨울 온돌도 없는 냉방에서 어떻게 살았느냐?"는 판사의 심문에 대해 "36도 난로를 껴안고 잤지요"라며 거침없는 유머로 법정을 웃겨놓는 여유가 나의 뇌리에 깊은 인상을 주었다. 아, 일제시대의 독립투사들도 우리와 똑같이 『자본론』을 보았고, 공장에 들어갔으며, 우리처럼 지하생활을 하였구나!

박헌영 선생이 해방 직전 광주의 벽돌공장에서 노동자로 살았다는 사실은 나에게 충격이었다. 그길로 광주로 내려갔다. 벽돌공장의 흔적을 찾아 헤매었다. '붉은 벽돌' 하나를 주었다. 1981년 붉은 벽돌을 책상 앞에 두고 살았다.

그해 친구 태훈이가 서울대 도서관 5층에서 떨어져 죽었다. 김태훈은 광주일고 동창생이다. 재수하여 서울대에 들어왔는데 평소 말수가 적고 마음이 여린 친구였다. 고민이 있으면 털어놓을 일이지, 혼자 가슴에 안고 살면 안 된다. 얼마나 고뇌하였을까? 그렇게 전두환 독재정권은 꽃보다 더 아름다운 청년의 숨을 또 거두어갔다. 태훈이의 순결한 넋은 살아남은 자들의 마음에……

o4 낙골에 올라

관악산 자락의 낙골 언덕길을 숨 가쁘게 오르내렸다. 공장에 들어가는 일이 두려웠다. 지난날 가구공장에서 깨졌던 경험에서 공장은 무턱대고 들어갈 일이 아니라는 교훈을 터득한 것이다. 하여 준비시간을 벌어야 할 필요가 있었다. 야학은 현장 이전을 준비하는 적격의 공간이었다.

무슨 인연으로 낙골을 올라가게 된 것인지 기억나지 않는다. 낙골에서도 맨 끝 어느 가난한 집 이층 다락방에는 야학의 강학들과 빈민촌의 청소년들이 매일 밤 만나고 있었다. 나미리, 김원호, 남궁정, 조은희 등이 강학이었고, 세원, 대수, 영호 등이 학생이었다. 여기에 내가 동참하게 된 것은 1981년 가을이었다. 이른바 낙골야학 6기팀. 그 유명한 지하 팸플릿 『야학과 비판』은 낙골 6기팀을 중심으로 서울 시내에 퍼져 나갔다.

해가 바뀌고 7기팀이 꾸려졌다. 주로 나의 지인들이었다. 사북사태 보고서를 함께 작성한 장훈렬, 조성오 그리고 박경순과 함께 야학을 이끌었다. 만일의 사태에 대비하여 나는 이중의 가명을 사용하였다. "내 이름은 최윤석인데 살로우만이라 불러주세요." 당시 유행한 햄 상표인 살로우만 광고대로 "빠바방, 살로우만"이라는 별명을 쓴 것이다. 박경순은 '추장'이라 불렸고 훈렬이는 '닌로'라 불렸다.

먼저 야학에서 쓸 교재를 함께 만들었다. 다음으로 학생을 모집했다. 모집이라야 낙골 언덕에 서 있는 전봇대에 모집 광고문을 붙이는 것이었다. 경임, 종구, 학규 등 다섯 명이 입학하였다. 나는 한국경제를 가르쳤다. 여기에서 가르친 내용이 훗날 『소외된 삶의 뿌리를 찾아서』의 초고가 되었다.

우리는 낙골 아랫동네 어느 가정집 뒷방을 얻었다. 우리들의 자취방 공동체가 탄생한 것이다. 밤이면 소주 마시고 노래도 많이 불렀지만, 공부를 무척 열심히 했다. 더 이상 우리를 가르칠 선배도 선생도 없었다. 일서 『모순론 해설』을 탐독하였다. 연관, 매개, 대립물의 통일, 적대적 모순과 비적대적 모순, 개별과 특수와 보편 등 이른바 변증법의 기초 개념들을 익혀나갔다. 여기에서 터득한 내용을 가지고 벗 조성오는 『철학 에세이』를 집필하였다.

나는 장훈렬, 조성오, 박경순의 도움을 얻어 『경제사상사』(1982), 『경제학의 기초이론』(1983), 『유럽 노동운동의 비극』(1983), 『1917년 10월 혁명』(1983) 등 많은 사회과학서적을 번역하였다. 낙골의 자취방 공동체는 '지하 사회과학 번역실'이기도 하였다.

1982년 가을 박관현의 죽음이 신문에 보도되었다.

'전 전남대 학생회장 박관현 씨가 광주교도소에서 심근경색증으로 사망하다.'

1980년 5월 전남대에서 불같은 연설을 뿜었던 박관현 형이 심근경색증으로 죽다니! 40여 일의 단식투쟁은 또 한 명의 거룩한 목숨을 앗아갔다.

내가 그를 마지막으로 본 것은 1980년 2월 어느 날 전복길의 어머니 자취방에서였다. 그때 형은 쌀가마니를 갖다놓고 어머님에게 밥을 얻

광주 상무대 영창 앞에 서 있는 '들불
7열사비'. 들불야학에서 인연을 맺은
박기순 윤상원 박용준 박관현 신영일
김영철 박효선. ⓒ이순규

어먹고 살았다. 그는 아버님의 소원대로 행정고시 공부를 준비하고 있
었다. 눈이 부리부리하였다.

"어이, 광우, 후배들이 날더러 학생회장 하라는데, 해야 하나?"

"후배들이 하라믄 해야 하는 것 아니오?"

나의 대답이 박관현의 죽음을 재촉한 것은 아니었을 것이다. 그는
1981년 서울 수유리 전복길의 고모댁에 피신하고 있었다. 현상 수배는
지하생활자를 옴짝달싹할 수 없게 만든다. 체포된 박관현은 고분고분
수감생활을 할 수 없었던 모양이다. 먼저 간 박기순, 윤상원이 매일 밤
꿈속에 나타났을 것이다. 김영철이 광주교도소 벽에 자신의 머리를 박
아버리고 정신병자가 되었듯이, 그날 함께 죽지 못한 우리들은 미쳐버
리지 않으면 살 수 없었다. 그렇게 박관현이 갔고, 이어 신영일 형이 갔
고, 이어 김영철 형이 갔고, 이어 박효선 형이 또 갔다. 1980년 5월 26일

광주 YWCA 건물에서 최후 항전을 하다가 머리에 총을 맞고 쓰러져 죽은 박용준 형. 그렇게 하여 맺어진 인연을 우리는 '들불 7열사'라 부른다.

"어두운 죽음의 시대. 내 친구는 굵은 눈물 붉은 피 흘리며 역사가 부른다. 멀고 험한 길을 북소리 울리며 사라져갔네. 친구는 멀리 갔어도, 없다 해도 그 눈동자 별빛 속에 빛나네. 내 맘속에 영혼으로 살아 살아 이 어둠을 사르리 사르리. 이 장벽을 부수리 부수리."(「친구 2」)

o5 하나님께 바쳐라

1983년 낙골야학을 후배들에게 넘기고 우리는 본격적인 기술 취득 단계로 옮겨갔다. 신보연, 김동일, 김이경, 배영미가 합류하였다. 동일이는 아예 가출 상태였다. 아버님이 민정당 국회의원이어서 아들의 이런 움직임을 허용하지 않았다. 부잣집 출신이지만 동일이는 가난한 자취방 생활에 잘 적응하였다. 동일이는 아버지에게 붙들려 강제로 출국, 뜻하지 않은 미국 유학길에 올랐다.

치안본부는 야학 활동까지 탄압하였다. 이때 서울 빈민가에서 활동하는 야학이 스무 개가 넘었던 것 같다. 먼 데서 강학들이 치안본부로 연행되어 고문을 받는다는 소식이 들려왔다.

나는 낙골야학의 대책 수립에 골몰하였다. 그렇다. 야학을 교회로 전환하는 것이다. 야학에 십자가를 꽂아놓고, 목사님과 함께 예배를 보면, 이 야학은 탄압하지 못할 것이다. 그길로 우리는 민중목사를 찾아다녔다. 김광운 선배를 만났고, 오충렬 목사님을 뵙게 되었다. 오충렬 목사님은 민중신학적 관점에서 예수의 전적을 재해석해주었다. 어느

재개발된 낙골야학 자리. 민중교회로
불리는 낙골교회는 지금도 이곳에서
가난한 이웃들과 함께하고 있다.
ⓒ이순규

선술집에 들러 '예수도 이렇게 놀았어!' 하며 너털웃음을 짓던 오 목사님이 아직도 생생하다.

나는 그때 결혼 자금으로 통장에 200만 원을 모아두었다. 물론 번역 노동의 열매들이었다. 어머님께 물었다.

"엄니, 결혼에 쓸라고 모은 이 돈, 교회에 바쳐불까?"

"하나님께 바쳐라."

그 아들의 그 어머니였다. 이렇게 해서 일사불란하게 한 민중교회가 낙골에 십자가를 올렸다. 아니나 다를까 남부경찰서는 우리의 빈민 청년들을 불법 연행하여 심문하였다. 청년들은 용감하였다.

"낙골 7기 대장이 누구여?"

"살로우만입니다."

"임마, 살로우만이 누구냔 말이어?"

"살로우만은 살로우만입니다."

청년은 끝까지 나의 본명(?) 최윤석을 불지 않았다. 20년 후 낙골에 올라 들은 이야기다. 어느 호프집에서 청년은 자랑스럽게 고백하였다.

"형, 형의 본명, 나 알아. 남부서에서 끝까지 버텼어. 형, 최윤석 맞지?"

청년의 순진한 물음에 답을 하지 못하였다. 미안하였다.

o6 밧줄을 타고

노회찬은 1982년 영등포 청소년직업훈련학교에서 용접기술사 2급 자격증을 땄다. 그길로 독산동 귀뚜라미보일러에 정식 사원으로 취직했다. 노회찬은 만능선수였다. 그러나 나는 기술 습득에 아주 서툴렀다. 열관리 기사 자격증을 따기 위해 학원을 다녔다. 맨날 졸아버렸다. 영등포에 선반기술을 가르치는 학원이 있었는데, 한 달을 다니고 포기하였다. 한 달 배우면 선반을 돌릴 줄 알았는데, 원장은 피식 웃었다. 최소 6개월은 배워야 한다는 것이었다.

박경순, 조성오, 장훈렬과 나는 작전을 바꿨다. 경순이와 성오와 나는 6개월짜리 영등포 청소년직업훈련학교를 들어가고 훈렬이는 2년짜리 기술훈련소에 다니기로 합의하였다. 이곳을 졸업하면 훈렬이는 어엿한 밀링 기사로 대공장에 취업할 수 있었다.

어린 동생들과 6개월 동안 선반을 만졌다. 경순이는 용접기술사 2급 자격증을 땄으나, 나는 또 실패했다. 알고 보니 선반기술이란 몇 년을 배워야 제대로 익힐 수 있는 고급기술이었다. 참 어리석게도 나는 기술을 우습게 여긴 것이다.

'야학 연합사건' 바람이 불어 닥쳤다. 이름 모르는 많은 동료 강학들이 치안본부에 끌려갔다. 수사망이 우리들에게까지 다가오고 있었다. 나는 장훈렬에게 기술훈련소를 포기하는 게 좋겠다고 조언했다. 장훈렬의 애인 배영미의 선을 타고 수사망이 좁혀오고 있었다. 여기에서 끊어야 했다. 나는 훈렬이에게 포기할 것을 주문했다. 한사코 만류하였건만 그는 계속 다녔다. 어느 날 그는 기술훈련소 가는 길에서 연행되었다. 지하생활에서 욕심은 금물이다. 모든 것을 버려야 한다. 버려야 살아남는다.

1983년 11월 황정하가 밧줄시위를 하다 떨어져 죽었다. 서울대 도서관 옥상에 밧줄을 묶고 내려오는 고공시위를 한 것이다. 덩치가 황소만한 정하는 스스로의 무게를 견디지 못하고 그만 5층에서 추락하였다. 정하는 예의 야학연합 사건에 연루되어 취조를 받고, 이후 고통스런 심정으로 대학생활을 하였던 모양이다.

양심의 고통에서 벗어나는 유일한 길은 감옥으로 가는 길이다. 감옥으로 가려 한 우리의 소중한 청년이 또 목숨을 잃었다. 아, 얼마나 먼 길을 헤매야 소년들은 어른이 되나? 얼마나 먼 바다를 건너야 갈매기는 쉴 수 있나? 얼마나 긴 세월 흘러야 사람들은 자유를 얻나? 우리는 자취방에서 오열하였다.

o1 사랑은 아직도 끝나지 않았네

결혼은 운동가의 무덤이었다. 1984년 인천의 경동산업 현장에 들어가기까지 나를 가장 괴롭힌 주제는 사랑의 갈등이었다.

1981년부터 선배들의 결혼식장에 가보니, '지식인의 기득권을 버려야 한다' '현장으로 들어가야 한다' '민중과 함께 살아야 한다'며 그렇게 후배들을 볶아대던 선배들이 하나 둘 운동을 포기하고 가족이라는 일상의 보금자리로 들어갔다. 후배들에게 뱉어놓은 자신의 말을 책임지지 못하는 선배들의 얼굴이 그 당시 나에게는 너무 혐오스러웠다. 나는 결혼식장마다 찾아다니며 말과 행동이 다른 선배들에게 분노를 토로하였다.

그런 나에게 1984년 3월 결혼식이 찾아왔다. 결혼을 해 가정을 차리면서도 운동을 계속해야 한다는 이 풀기 힘든 모순 때문에 몇 년을 시달려왔던가.

연약한 경옥 씨가 고난의 길을 동행하지 못할 것 같아 헤어지려고 몇 번씩 마음먹었던가. 밤새워 이별을 마음먹고 나면 다음 날 아침 다시 미련이 고개를 내세웠다. 그녀가 다른 남자 품에 안기는 것을 상상하면 죽도록 괴로웠다. 우리는 대중가요를 저급한 노래로 치부하였는데, 그때 나의 심정을 위로해준 이는 조용필이었다. "잊어야 잊어야만 될 사랑이기에, 깨끗이 묻어버린 내 청춘이련만 그래도 못 잊어 나 홀로 불러 보네. 사랑은 아직도 끝나지 않았네."

고뇌를 청산하기 위해 결혼을 강행하였다. 운동하기 위해 사랑하는 여자와 헤어져야 하느냐, 사랑하기 위해 운동을 포기해야 하느냐, 지금 생각하면 참 유치한 고민이었지만, 이 고민을 종식시키는 날이 나에게는 결혼식이었다.

장인어른은 경성제대 법대 출신이다. 간첩을 잡아 전향시키는 일에 종사하신 분이었다. 어르신 역시 나이 스무 살에 해방정국을 경험하셨다. 이상한 것은 검찰에 계신 분이 오히려 새내기 사회주의자의 심정을 잘 이해해주셨던 일이다. 일제하 사회주의자 이강국이 당시 경성제대 학생들의 우상이었다고 전해주셨다. 장인어른은 나를 보며 죽어간 남로당원 친구들을 연상하셨던 것 같다. 사회주의자들은 다 좋은데, 가는 길이 너무 험난하다며 안타까워하시곤 하였다.

"다 이겨도 미국은 이기지 못한다."

장인어른은 이 말을 남기고 딸을 나에게 인계하였다. 결혼식을 치르던 날, 신부 측 자리에는 검찰의 고위인사들이 자리하였고, 신랑 측 자리에는 민주투사들이 자리하였다. '신랑 신부 퇴장'과 함께 「님을 위한 행진곡」이 울려 퍼졌다.

"사랑도 명예도 이름도 남김없이 한평생 나가자던 뜨거운 맹세. 동지는 간데없고 깃발만 나부껴, 새날이 올 때까지 흔들리지 말자. 세월은 흘러가도 산천은 안다. 깨어나서 외치는 뜨거운 함성, 앞서서 나가니 산 자여 따르라 앞서서 나가니 산 자여 따르라."

느닷없이 결혼식장이 데모장이 되어버렸다. 신부 측의 검찰 인사들은 당황하였다. 1983년 자취방에서 흐느끼며 숨죽여 부르던 이 노래가 지상으로 튀어나온 것이다. "앞서서 나가니 산 자여 따르라"는 마지막 대목이 외쳐질 무렵 내 눈에는 다짐의 눈물이 흘러내렸다.

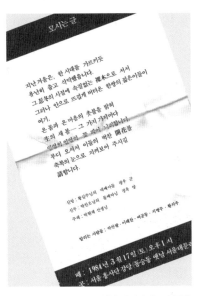

모시는 글

지난 겨울은, 한 시대를 가르키듯
유난히 춥고 삭막했습니다. 枯木으로 서서
그 酷冬의 시절에 속절없이 버티온 한쌍의 젊은이들이
그러나 안으로 뜨겁게 타오른
여기,
온몸과 온마음의 촛불을 밝혀
生의 새 봄─ 그 거저 가지마다
開花의 열매의 꽃 피워 시작합니다.
부디 오셔서 이들의 벅찬 開化를
축복의 눈으로 지켜보아 주시길
請합니다.

신랑: 황광우님의 세째아들 광우 군
신부: 박선오님의 둘째아님 경자 양
주례: 박현채 선생님

알리는 사람들: 박선영·이태환·여균동·지병주·황광우

때: 1984년 3월 17일 (토) 오후 1시
곳: 서울홍사단 강당(동숭동 샛담 서울대문고)

황광우 결혼청첩장. 지난 겨울은 유난히 춥고 삭막했습니다.

주례는 박현채 선생. 광주서중을 다니다 소년 빨치산이 되어 지리산에서 싸우다 하산, 전주고에 재입학하여 서울대 상대를 졸업하였다. 박현채 선생의 이력은 30년 이후 고스란히 나에게 대물림되고 있었다. 선생은 많은 검찰 고위인사 앞에서 이렇게 축사를 하셨다.

"신랑 황광우는 천재적인 이론가요, 탁월한 도바리입니다."

나는 얼굴을 붉히지 않을 수 없었다. 선배들이 만들어준 유인물을 산동네에 뿌리고 다니고, 고작 야학에서 국졸 청년들에게 공부 좀 가르친 내가 무슨 이론가란 말인가. 그런데 선생이 짚은 '탁월한 도바리'라는 점괘는 이후 10년의 삶을 예고해버렸다. 선생이 살아 계신다면, 왜 그 좋은 결혼식날에 도바리나 치라고 하셨는지 투정을 부리고 싶다.

돌아보아 후회되는 일이 있다. 거름출판사를 잘 운영하던 친구 박윤배로 하여금 노동운동에 뛰어들게 한 것은 두고두고 후회스럽다. 1980년대 사회과학출판사 사장들은 대부분 책 건으로 감옥에 가는 수난을 겪었다. 풀빛, 동녘, 돌베개, 한마당, 백산서당, 한울, 이론과실천 등의 출판사들은 일제하 사회주의 운동에 비교하면 당 기관지 혹은 선전부

역할을 수행하였던 것이다. 1980년대 10년만큼 사회과학서적들이 폭발적으로 대중화된 것은 세계사에 없는 일이다. 출판사 사장님들께 이 자리를 빌려 감사 올린다.

박윤배도 『볼셰비키 당사』를 출간한 것으로 투옥되었다. 번역은 내가 하고, 감옥은 친구가 간 것이다. 석방된 후 윤배는 출판사 사장 자리를 버리고 현장에 들어갈 생각을 하였다. 이때 나는 말렸어야 했다. 당시 거름출판사는 사회과학출판사들 중에서도 잘 나가는 출판사였다. 아까운 일이었다. 윤배는 그 좋은 출판사를 버리고 강원도 태백 광산촌으로 들어갔다. 물론 강원도에 운동조직을 만든 것은 전적으로 윤배의 공로이지만, 윤배의 어머니가 치러야 했던 가정의 희생은 너무 가혹했다.

우스갯소리로 말하자면, 경옥 씨의 교직을 때려치우게 한 것도 후회스럽다. 그때 우리는 교사를 노동자로 보지 않았다. 오직 공장에서 쇠붙이를 만지는 생산직 노동자만을 노동자인 것으로 알았다. 그녀는 전주의 완산여상에서 인기 만점의 여교사였다. 그런 그녀에게 그만둘 것을 요청하였다. 마침내 결혼 날짜를 잡으면서 그녀는 학교에 사표를 냈는데 참으로 바보짓을 한 것이다.

결혼식을 올리고 난 다음 우리는 공장으로 갔다.

o8 흐르는 물처럼

영등포 청소년직업훈련학교에서 선반기술을 배우고 대망의 취업에 나선 것은 1983년 겨울이었다. 10년 정도 수련을 쌓아야 자유자재로 다룰 수 있는 선반을 겨우 6개월, 그것도 니시 깎기 정도의 기술을 가지고

구로동의 어느 마찌꼬바(소규모 공장)에 들어갔다. 경력 2년이라 속였지만, 입사 첫날에 나의 어설픈 기술은 들통이 나고, 바로 막노동 일꾼으로 전락하였다.

그저 공장에 다니게 해주는 것만도 고마운지라, 작업반장이 시키는 일이면 정말 성심성의껏 씩씩대며 온 힘 바쳐 일을 하였다. 하루는 점심을 일찍 먹고 남들이 족구를 하고 있을 시간에 용접 일을 배워본다며, 바가지에 얼굴을 묻고 용접봉을 지져대었다. 그런데 난데없는 군홧

발이 나의 면상을 후려갈겼다.

"야, 이 새끼야, 시키는 일이나 잘해."

지나가는 길에 반장은 나의 얼굴을 걷어찼다. 얻어맞고 쓰러져 다시 일어나는 나는 비참하였다. 반장은 권력이었다. 만지면 무슨 물건이나 만들어내는 반장이 얼마나 부러웠는지 모른다. 어느 날은 반장이 나를 조용히 불렀다.

"너 학교 어디까지 나왔어?"

"중학교 나왔어라우."

"임마, 일은 힘으로 하는 게 아니야, 머리로 하는 것이야, 머리. 짜샤."

공장으로 가는 길이 그렇게도 멀 줄이야. 나는 절망하였다. 내가 할 줄 아는 게 뭔가? 그날 자취방으로 돌아와 함께 현장 준비를 해왔던 동료들하고 소주를 마시며, 아무래도 '선 기술 습득, 후 현장취업' 노선을 포기해야 할 것 같다고 말하였다. 나 같은 놈이 무슨 기술을 배워? 돈 주고 선반학원을 다녀도 안 돼. 직업훈련학교를 여섯 달씩이나 다녀도 안 돼. 직접 마찌꼬바에 들어가도 안 돼. 어쩌자는 것인가? 기능을 가진 노동자들, 대공장에서 일하는 노동자들이 그렇게 부러울 수가 없었다.

우리는 인천의 5공단 주안역 뒤를 뒤지기로 결정하였다. 전봇대란 전봇대는 다 뒤지고, 게시판이란 게시판은 다 뒤져도 우리가 취업할 수 있는 현장은 보이지 않았다. 그런데 저쪽에서 키가 껑충한 한 사내가 우리를 불렀다.

"일하려면 따라와 봐."

그날 밤 우리들은 그렇게 신날 수가 없었다. 기술 필요 없지, 무슨 복잡한 서류 필요 없지, 공장은 대공장, 노동자는 3,000명이 넘지. 이런 공장이 우리를 부르다니! 바로 이 공장이 1988년에 노동자의 목숨을 앗

야간 그 악명 높은 '경동산업'이었다.

　세 명이 함께 취업을 하였다. 점심시간마다 우리는 만나 서로가 서로를 바라보며 깔깔 웃지 않을 수 없었다. 서로의 눈에 보인 동료들의 얼굴이 완전히 깜둥이였기 때문이다. 얼굴이 검을수록 이[齒]가 그렇게 희게 부신 줄 처음 알았다.

　빵잽이 경력이 있는 우리가 그렇게 쉽게 입사할 수 있었던 데에는 다 이유가 있었다. 일주일을 견디지 못하고 한 친구가 중도 하차하였다. 연마부서에 있었는데, 그 일이 사람 죽이는 일이었던 것이다. 또 일주일을 견디지 못하고 다른 친구가 퇴사하였다. 학교에서 잘리고 감옥

가고 다시 나와 기어이 노동현장에 들어가겠다는 '철의 의지'를 경동산업 현장이 박살 낸 것이었다. 나는 포장부서에서 일을 하였기 때문에 그나마 견딜 수 있었으나, 연마부서에 들어간 두 친구는 도저히 견뎌낼 수 없었던 것이다. 30초 간격으로 12킬로그램이 넘는 연마 자루를 넣었다, 뺐다, 넘겨줬다, 이 짓을 온종일 하다 보면 몸은 곤죽이 된다.

경동산업은 산업재해로도 유명했다. 1년에 잘려 나가는 손가락이 양동이로 하나가 된다는 소문이 자자하였다. 철판을 재단하는 부서에서 특히 많이 잘려 나갔다. 육중한 프레스 밑으로 철판을 집어넣고 스위치를 밟고 철커덩 소리와 함께 다시 철판을 빼내고, 새 철판을 집어넣고 이 짓을 하루 종일 하다 보면, 내가 일하는지 프레스가 일하는지 구분이 되지 않는 것이다. 위험한 순간은 철야작업의 마지막 새벽. 일 끝나면 영화를 볼까, 누구하고 소주 한잔 걸치나 생각하다 그만 사고가 나는 것이었다.

나는 잠을 자면서 일하는 아주머니들을 많이 보았다. 밤 열두 시가 넘으면, 컨베이어 벨트는 동일한 속도로 움직였지만 물건이 나오는 속도가 느려졌다. 왜 이렇게 더딘가 하고 아주머니들 쪽을 바라보면, 그녀들은 자면서 손을 놀렸다. 이때 작업반장은 「소양강 처녀」나 「오동잎」 같은 대중가요를 합창하게 했다. 쉬는 시간이 오면 모두들 컨베이어 벨트 위에 픽픽 쓰러졌다. 다시 컨베이어 벨트가 이동하면 그녀들은 눈을 감은 채 그릇을 닦았다.

이 아주머니들 중 두 분이 1986년 1월에 죽어 공장을 나갔다. 한 달 임금이 12만 원. 고등학교 다니는 자식 학비 댄다고 잔업에 철야를 밥 먹듯이 하다가 자신의 몸이 죽어가는 줄도 모르고 일만 하였던 것이다. 갈색 빛에 검은 기운이 온 얼굴을 덮었던 그 아주머니 노동자들을 나는 잊지 못한다.

경동산업 노동자들은 사람이 아니었다. 회장의 부를 증식하기 위해 갖다 쓴 물건들이었다. 나에게 고통스러웠던 것은 '노동의 강도'가 아니었다. 중학교 3학년 때 시골로 들어간 형님을 따라 살면서, 추운 겨울 새벽에 일어나 삽질을 하고 흙을 퍼 나르며 밭을 개간한 적도 있었지만, 일은 힘들어도 보람이 있었다. 그때 나는 노동의 주인이었다. 그런데 경동산업에서 나는 기계였다. 컨베이어 벨트의 속도에 따라 나사 쥐는 속도를 달리하며 온종일 냄비에 나사만 박는 노동자는 인간이 아니라 기계였다.

o9 염병하네

경동산업에 다니면서 나는 노동자의 삶을 몸으로 배우게 되었다. 현장에서는 나이 차이나 성의 차이가 의미가 없었다. 나이가 열 살 많아도 '어이 김씨'라고 부르는 게 관례였다. 또 처녀든 아주머니이든 총각들이 짓궂은 장난을 걸어도 모두들 킥킥 웃으면서 자연스럽게 장난을 받아주곤 하였다. 눈 뭉치를 여자들의 옷 속에 집어넣어도, '이 오살할 놈아!' 소리를 꽥꽥 지르지만, 현장의 권태를 달래는 재미있는 장난에 불과하였다.

어느 날 경동산업의 회장이 현장을 순시하였다. 부장, 차장, 과장 들이 줄줄이 따라다니면서 제품에 대해 설명하였다. 그런데 냄비를 운반하던 한 어린 노동자가 냄비를 떨어뜨려버렸다. 당황하다 보면 사고를 치는 법. 회장은 만인이 보는 앞에서 떨어진 냄비로 그 노동자의 머리를 강타하였다.

경동산업에 다니면서 누렸던 유일한 즐거움은, 퇴근 후 소주 한잔 마시는 것이었다. 대여섯 명이 모여 매운탕에 라면을 넣고 술 한잔 걸치면, 일인당 비용이 1~2천 원 떨어진다. 이른바 '가보시끼'다. 함께 먹고 함께 분할하고, 쌓인 외상값을 월급날 갚는 방식. 한 달 월급이 12만여 원인데 월급날 2~3만 원이 까지면 무척 서운하였다.

그때 인천에는 유난히 빈민촌이 발달하였다. 인천제철 주위로 사방이 빈민가였고, 가좌동 일대까지 모두 빈민촌이었다. 시골에서 농사짓다 도망쳐 온 집, 딸은 다방에 나가 일하고 아버지는 술꾼인 집, 남동생은 깡패이고 어머니는 폐병 환자인 집, 큰형이 중동에 가서 한밑천 벌어 왔으나 노름판에서 다 잃어버린 집, 정신병에 걸린 형과 그래도 열심히 살아보겠다고 중소기업에 나가 일하는 여동생을 둔 집…… 집과 집을 잇는 처마도 없고, 변소도 없는 빈민촌에서 경동산업 노동자들은 그렇게 계속 공급되고 있었다.

우리 같은 얼치기 노동운동가들이 나서서 노동자를 조직하는 것은 참으로 힘든 일이었다. 노동조합은커녕 친목모임 하나, 축구대회 한 번 열기가 그렇게도 힘들 줄이야. 철야작업이 끝나도 우리는 새벽에 술집으로 갔다. 한 명이라도 조직하기 위해서였다.

헤어질 때는 해가 훤히 떠 있는 오전 아홉 시. 경동산업에서 역곡으로 가는 길은 참담했다. 전철을 탔다. 졸았다. 깜빡 눈을 감았는데 깨어보면 청량리였다. 다시 전철을 탔다. 노량진까지 눈을 부라리며 졸음을 참았다. 가리봉을 지나면서 의식을 잃었다. 깨어보면 동인천역이었다. 버스를 타도 마찬가지였다. 깨어보니 문래동 골목길에 내 몸이 버려져 있는 날도 있었다. 안경은 어디 가버리고.

그렇게 일이 끝나면 술집으로 모이기 석 달, 참으로 어렵게 낚시모임을 가질 수 있었다. 인천 앞바다에 배를 띄우고 여섯 명이 아침부터 해질 때까지 대두병 소주 여덟 병를 깠다. 여기에서 끌어낸 실천적 결론은 D공장과 B공장 축구시합을 벌이는 것이었다.

마침내 인천대학에서 축구대회가 열리고, 노동자를 조직하기 위한 우리의 운동이 한 발 한 발 진전되려는데, 아뿔싸, 축구대회의 뒤풀이 자리를 회사 측 반장이 와서 독식해버렸다. 통막걸리를 나누어주며 판을 정리해버리는 것이었다. 그해 겨울 어렵게 30여 명이 조직되었으나 노동조합을 신고하기도 전에 우리들의 정체가 들통나 버렸다. 그렇게 1984년의 한 해가 저물어갔다.

1985년 인천에서 많은 위장취업자들이 그렇게 투쟁하였다. 나에게는 지금도 보고 싶은 노동자의 얼굴이 있다. 이름은 모른다. 별명이 독사였던가. 인천 조폭 출신이요, 영창악기 해고노동자라는 것만 기억난다. 한번은 서울에서 열리는 연극집회에 가기 위해 부평역 앞에 서 있다가 그를 만났다. 역전에 늘어서 있는 가판대의 포도송이를 보면서, 그 친구가 "어, 먹고 싶다"고 낮은 목소리로 중얼거리는 것을 들었다. 서울에서 돌아오는 길에 우리는 포도 한 송이를 사서 나누어 먹었다. 그 후 친구는 감옥에 갔고, 나는 수배자가 되면서 아직까지 어디서 무얼 하며 사는지 모른다.

아무런 희망이 보이지 않던 초기 노동운동의 시대를 겪어본 사람은 알 것이다. 속에서 끓는 것은 분노요, 잡히는 것은 짱돌뿐임을. 그런데 이 짱돌도 전투경찰 앞에서는 무력해진다. 1820년대 영국에서 일어난 기계 파괴운동은 한국에서 '분신'으로 표출되었다. 전태일의 분신은 1980년대 내내 무수하게 반복되었다.

1988년 가을 경동산업에서는 노동자들이 집단 분신하는 상황이 벌어졌다. 옥상으로 밀린 노동자들이 신나를 몸에 붓고서 "더 가까이 오면 불 질러!"라고 최후의 방어를 하는데, 형사들은 "죽지도 못할 놈이 염병하네"라고 조롱하였다.

10 얼음장을 깨고

1984년 12월 장훈렬이 치안본부에 잡혀갔다. 기술훈련소의 졸업장을 받기 일주일 전. 훈련소 가는 길에 잡힌 것이다. 훈렬이가 잡혀가자 나는 집에 들어갈 수 없었다. 부천 역곡에다 차린 신혼살림을 버렸다. 영영 떠돌아다닐 수만은 없었다. 배가 불러오는 아내를 위하여 인천 작전동에 단칸방을 얻어 들어갔다. 2층 베란다를 돌아 들어가면 조그만 부엌이 나오고, 부엌엔 연탄불이 피어나고, 부엌에서 문을 열면 우리의 보금자리가 나왔다.

이곳에서 나는 『들어라 역사의 외침을』을 집필했다. 보름 동안 꼬박 밤을 새웠다. 인간의 두뇌란 두 시간 이상 집중력을 발휘하지 못한다. 하여 소주 한 병과 맥주 세 병을 사놓고, 멸치 한 접시 모셔다가 피로해지는 두뇌를 달래가며 여섯 시간 이상 계속 끼적거렸다. 요즘 맥주에 소주를 타 마시는 것이 국회의원들의 술자리까지 퍼졌다는데, 아마도 '쏘맥'의 시원은 여기였을 것이다. 소주는 쓰고, 맥주는 배가 불러 많이 마시기 힘든데, 쏘맥을 마시면 입 넘김도 좋고, 빨리 취기가 올라온다. 쏘맥을 한 잔 한 잔 부어가며 글을 쓰면 두뇌의 피로를 모른다. 일종의 아편인 것이다.

당시에는 『소외된 삶의 뿌리를 찾아서』를 제외하면 노동자가 읽을 수 있는 의식화용 교재가 전무하였다. 우리의 역사를 노동자가 반드시 알아야 한다는 사명감에 미친 듯 써 내려갔다. 책을 보름 만에 탈고하고 나서 후배들의 자취방을 돌아다녔다. 이때 아내는 임신 6개월, 배가 불러오기 시작했다. 나가서 일주일을 소식도 없이 외박하였다. 새댁을 혼자 버려두고 뭣이 좋아 그렇게 돌아다녔는지 모르겠다. 아내는 이때

의 고립감·절망감이 뼈에 사무치게 되었고, 지금까지 바가지의 근원지가 되었다.

1985년 2월 12일 국회의원 총선거가 실시되었다. 선거는 자유의 공간이다. 그것이 일시적인 것이라서 그렇지. 1984년까지 감옥에 간 학생이 1,000명을 돌파하였다. 짓밟힌 권리, 억눌린 민심은 2·12 선거에서 야당이던 신민당을 전폭적으로 지지하는 것으로 나타났다.

눈길을 추적추적 걸었다. 골목마다 붙은 선거 공보 벽보를 보았다.

―일본 ○○대학 졸업, ○○재단 이사, ○○제약 사장, 제○대 국회의원.

"어휴, 저 부르주아 새끼들!"

나는 벽보 앞에서 욕을 해주었다. "내가 저런 놈들에게 표를 찍어줘? 다 똑같은 놈들이야!" 하며 자신의 투표 거부행위를 정당화하였다.

그러던 중 이상한 구호가 눈에 번쩍 띄었다.

"군부독재 타도하고 민주정부 쟁취하자!"

'아니 저런 구호가 이런 대낮에 붙을 수 있나, 누구지?' 들뜬 심정에 막걸리 두 병 사 들고 가까운 후배의 집에 들렀다. 그놈은 평소 정치판에 대해 일가견이 있는 후배였다. 텔레비전에서는 연신 개표 진행을 보도하였다.

"어어, ○○○가 떨어지게 생겼네. 지가 똑똑해봤자 뭘 해, 민한당에 붙어 있더니만 잘 됐다. 야, 부산에서는 민정당이 다 떨어지겠네. 역시 부산 시민들 세긴 세구만. 강남구 ○○○가 떨어져? 허허 골치 아픈 일이 생겼네. 부자놈들도 현 정권을 반대한다는 거 아냐? 야, 이러다간 신민당이 70석이 넘겠다?"

우리는 즐거운 정치논평에 도취되어가고 있었다. 신민당의 승전보는 나에게도 기분 좋은 일이었다. 예상을 뒤엎은 신민당의 승리를 우리는 자축하였다. 부잣집 혼삿날 잔칫상 한구석에 끼어 앉은 촌놈들처럼.

11 어질고 착한 벗들

1985년 3월, 다시 공장에 들어갔다. 경동산업과 동일한 제품을 생산하는 대림통상이었다. 경동산업에서는 포장부서에서 일하면서 쏟아져 나오는 제품을 창고에 옮기는 일을 하였다. 할 만한 일이었다. 대림통상에선 연마부서에 배치되었다. 일종의 라인 작업이었다. 10킬로그램이 넘는 연마자루에 칼이며 숟가락이 물려 있는데, 왼편의 작업자가 나에게 넘겨주면 한 손으로 잡아 연마통에 집어넣고, 연마작업을 마친 연마자루를 오른손으로 짚고 옆 사람에게 넘겨준다. 이 작업은 인간이 하는 일이 아니었다. 오줌이 마려워도 화장실을 갈 수 없었다.

내가 아는 수백 명의 지인들이 공장으로 오는 중이었다. 인간관계를 오래 지속하다 보면 한 번쯤은 의를 상한다. 그렇게 다정했던 관계가 정반대로 싸늘해진다. 헌데 지금까지 한 번도 서로 섭섭한 행동을 하지 않은 벗이 있다. 김창한이다. 우리는 대림통상 현장에서 만난 사이다. 이 공장에서 나는 김현근, 구인회, 백계문을 만났다.

송영인은 선배 되는 분인데, 그의 집은 주안역 뒤 열세 평짜리 주공 아파트였다. 형은 신혼이던 나와 아내에게 큰방을 내어주고 자신은 작은방에 거처하였다. 생각할수록 고마웠다. 대림통상에서 노동자로 일하던 중 아들 걸이가 탄생하였다.

대학생 출신 공장노동자를 위장취업자라고 불렀다. 1985년 대우자동차에서 홍영표, 이용선, 송경평, 전희식 등이 파업투쟁에 성공하였고, 구로동의 대우어패럴을 중심으로 타오른 '구로 연대투쟁'이 대한민국을 뒤흔들고 있었다. 위장취업자들은 봄날 개구리 튀어나오듯 여기저기에서 자신의 존재를 공개하기 시작했다. 아마도 이 시절 인천의 중소기업 사장들은 미칠 지경이었을 것이다. 대기업체들이야 제품 경쟁력이 있지만, 중소업체들은 존폐의 위기에 직면했을 것이다.

우리 대림통상팀도 투쟁에 돌입하였다. 식당에서 유인물을 뿌리고 투쟁을 호소하자마자 회사의 깡패들이 우리를 밖으로 내쫓았다. 해고통지서가 왔고, 다시 정문 앞에서 출근투쟁에 돌입하였다. 회사 측에선 한 노동자에게 10만 원짜리 자기앞수표 스무 장을 주고 회유하였다. 넘어갔다. 넘어갔다가 그 노동자는 다시 우리 편으로 넘어왔다. 자기앞수표 스무 장을 들고서. 나는 이 수표를 복사해서 붙이고 공장 개선 요구 사항을 기입한 후 『공장의 희망』이라는 소식지를 만들었다.

대림통상 퇴근버스가 신도림동에서 멈추었기 때문에 우리는 퇴근하

1985년 6월 구로1공단 대우어패럴 노
동자 파업. 노동조건이 열악했던 의류
수출회사로, 대우노조 간부 구속으로
촉발되어 구로지역 동맹파업으로 발
전했다. ⓒ박용수

는 노동자들을 만나러 신도림동에 갔다. 『공장의 희망』을 뿌렸다. 회사
에서 동원한 깡패들이 나타나 우리를 붙잡아 감금하였다. 불빛 한 점
없는 창고에 처박았다. 무서웠다. 다시 영등포경찰서 유치장으로 넘어
갔다. 아내가 면회를 왔다. 한 번도 본 적이 없는 아이를 안고서……

12 어느 여대생이 남긴 가출편지

후배가 결혼을 해야겠는데, 박현채 선생을 주례로 모시고 싶다 하여 찾아뵌 적이 있다. 선생은 1980년대 내내 민주화운동의 이론적 선봉 역을 맡으셨다. 퇴계로 부근에 집필사무실을 두고서 하루 종일 원고지를 긁어대고 계셨다. 당시 노동운동하러 공장에 들어간 우리들에게 가장 존경을 받은 분은 박현채 선생과 리영희 선생이었다.

복어국을 대접하여드렸다. 선생이 말씀하셨다.

"어이, 광우. 친구 리영희가 말이야, 자기 딸이 가출했다고 어쩌면 좋겠느냐 묻기에, 내가 뭐라 말했는 줄 알어?"

나는 선생님들의 아들, 딸이 나와 똑같은 길을 가고 있을 줄 꿈에도 생각지 못했다. 반갑기도 하고 신기하기도 하였다.

"제가 뭘 알겠습니까? 선생님은 뭐라 말씀하셨나요?"

"야, 영희야, 딸에게 돈이나 잔뜩 주그라. 연탄가스 마시고 비명횡사만 하지 않으면 되는 거 아녀? 너 지금 딸 자랑하는 거지?"

많은 벗들이 공장으로 가는 순례의 행렬에 동참하였는데, 여학생의 경우 안타까운 경우가 많았다. 아버지에게 붙들려 머리끄덩이를 채이는 경우는 예삿일이었다. 어떤 아버지는 아예 외출을 못하도록 딸의 머리를 밀어버리고 골방에 감금하기까지 하였다. 그럼에도 불구하고 골방을 탈출하여 공장으로 가야 했던 것이 당시 우리의 가슴을 고동치게한 역사적 소임이었다. 가출하고 돌아오지 않는 딸을 둔 애비의 심정을 이제 좀 알 것 같다. 한 여대생은 부모님께 이런 가출편지를 남겼다.

부모님, 저 오늘부터 집에 안 들어옵니다. 하지만 너무 걱정하지 마세요. 이 말씀 드리려고 얼마나 오랫동안 생각해왔는지 모릅니다. 앞도 뒤도 없는 듯이 보일 이 편지 보시고 엄마나 아버지 그리고 식구들 모두 앞이 캄캄해질 모습이 떠오르고 자나 깨나 걱정하실 모습, 주위 이목에 편치 않으실 것들이 떠올라서 저 나름대로 얼마나 가슴 저리고 마음이 아픈지 모르겠습니다. 하지만 지금 마음 아파도 참아내지 않으면 평생 후회하고 스스로 떳떳하지 못할 것 같아 제 결심대로 하려고 합니다. 지금이 인생의 길을 결정해야 할 때라고 생각했고 그래서 이렇게 마음먹기까지 제 나름의 이유가 있었습니다.

지금까지 부모님 밑에서 23년을 커오는 동안 엄마나 아버지에겐 언제나 걱정스럽고 부족한 것 많은 자식이었겠지만 저 나름대로 인생에 대해 고민하고 올바르게 사는 것이 어떤 것일까에 대해서도 짧은 생각일지 모르나 고민해왔습니다. 그리고 제가 하려는 일, 가려는 길이 아무리 힘들고 괴로워도 그것이 인간이 가야 할 올바른 길이라면 어려움이 있더라도 가야겠다고 생각했습니다.

990원 가진 사람이 1,000원을 채우기 위해 자기가 가진 지위나 권력을 이용하는 것이 지금의 부당한 현실이라고 생각합니다. 돈이 인간의 전부가 아니라고 하면서도 돈이 없으면 천대받고 멸시받는다며 고생하시는 부모님을 보면서, 제가 그렇게 고생해보지는 않았어도 힘없는 사람들의 처지가 전혀 남의 일만 같지는 않았습니다. 그래서 대학을 졸업하고 약자의 손목을 비트는 강자가 되느니 10원 가진 사람들 속에 제 힘을 보태겠다고 결심했습니다.

저 자신 언제나 말이 앞서 생각만 하고 실천하지 못하는 게으름과 불성실이 몸에 배어 그동안 걱정만 끼쳐드렸지만 열심히 살아보겠습니다. 어렵게 가르쳐오신 부모님의 기대와는 다른 방향으로 제 생각만 고집하고 식구들에게 걱정만 끼치는 못된 자식이라는 생각에 화도 나시

겠지만, 적어도 올바른 것을 위해 열심히 살려는 자식을 믿고 부디 이해해주시기 바랍니다.

학교는 휴학 처리해놓았습니다. 제가 필요하다고 느낀다면 다시 복학하겠습니다. 친구들은 아무도 모르고 있으니까 혹시 누구에게든 연락 오면 그냥 학교 잘 다니고 있는 걸로 해주세요. 친척들이나 이웃에도 학교 다니고 있는 걸로 하시는 게 좋을 것 같습니다. 등록금으로 주신 돈과 옷 몇 가지 가지고 나갑니다. 겨울옷도 많이 가져가니까 너무 걱정하지 마시고 제 나름대로 안정되면 연락드리겠습니다.

마지막으로 부탁드리고 싶은 것은 제가 안정되면 연락드릴 테니 절대로 저에게 연락하시려고 찾지는 마십사 하는 것입니다. 제가 생각하고 있는 바가 있는 이상 어느 정도 기반이 잡히지 않으면 물러서지 않을 것입니다. 그러니 절 믿고 너무 걱정하지 마세요. 설날 즈음에 연락드리겠습니다.

ɪ3 위장취업 여대생 박상옥

요즈음에도 어머니들은 아들 딸 명문대학 보내려고 안간힘을 쓴다. 그런데 그 좋은 명문대학을 포기하고 대학생이 제 발로 공장에 들어갔던 저 1980년대의 풍속도는 기이했다. 더더욱 여대생이 집을 버리고 공장생활을 한다는 것은 매우 기이한 일이었다. 당시 여대생의 비율은 대학생의 10프로밖에 되지 않았다. 대다수의 여대생들은 부잣집 딸들이었다. 겨울이면 뜨거운 물로 샤워하던 여대생들이 공장노동자로 산다는 것은 분명 견디기 힘든 일이었다.

여기에 매우 기이한 여대생이 있다. 고려대학교 교육학과를 다니고 있었으니 분명 여대생이었다. 대학교 2학년 겨울방학, 한 달여 공장 경험을 쌓으려고 들어간 공장이 대학보다 더 편하여 그길로 노동자가 되어버린 여학생이 있었다. 박상옥. 고대 83학번.

1985년 상옥은 여동생의 주민등록증으로 인천 부평공단에 있는 하인벨이라는 시계공장에 취업을 하였다. 그러니까 상옥은 여동생의 주민등록증으로 취업을 하였으므로 '위장'취업한 것이 아니다. '자연스런' 취업을 한 것이다. 왜냐하면 그 당시 많은 나이 어린 여공들이 언니 주민등록증으로 취업을 하였기 때문이다. 상옥은 주민증 껍데기를 벗겨 사진을 떼어내고 자신의 사진을 다시 붙여서 만드는 이른바 '공문서 위조'를 하지 않았다. 그러므로 그녀는 합법적인 취업을 한 것이다.

그때 그녀는 대학 2학년을 마치고 휴학을 한 상태였다. 컨베이어 벨트 위에 줄줄이 실려 나오는 시계 몸체에 나사 박는 일을 하였다. 손에 익숙하지 않아 시계들이 수북이 쌓였고 반장의 호통을 들어야 했다. 매일 밤 시계들이 마구 달려드는 악몽에 시달리곤 했다. 결국 아줌마들이나 하는 포장반으로 밀려났다.

3월 말 어느 토요일이었다. 밖에 손님이 찾아왔다고 했다. 나가보니 언니와 동생이 서 있었다. 비밀리에 다니던 이 공장을 알 턱이 없는데 놀라운 일이었다. 등록기간이 지났는데도 집에 연락이 없어, 지난 설에 집에 와 선물이라고 두고 간 하인벨 시계를 보고 찾아왔다는 것이다. 오마나!

언니와 동생은 공장 앞 길바닥에 주저앉아 대성통곡을 했다. 상옥의 집안 형편은 본시 상옥의 등록금을 댈 만큼 여유가 있지 않았다. 언니, 동생 모두 대학에 들어가고 싶었고, 대학에 들어갈 실력을 갖추었지만 그래도 공부를 제일 잘하는 상옥을 위해 포기했다.

"언니, 대학 졸업히는 것 보려고 지금 공장 다니고 있는데, 어떻게 이렇게 배신할 수 있어?"

여동생은 서럽게 울었다.

"상옥아, 너 하나 보고 힘든 직장생활 하고 있는데, 정말 이럴 줄 몰랐다."

언니도 함께 울었다. 사실 언니나 동생이나 모두 노동자로 살고 있었다. 상옥은 집안의 유일한 희망이었고 형제들의 미래였다. 일단 가까운 중국집으로 자리를 옮겼다. 자장면을 한 그릇씩 비우고, 눈물을 닦아 내렸다. 언니가 일당을 물었다. 3,200원이라고 대답하자, 짬뽕도 못 사 먹겠구나 하며 오히려 자신의 벌이에서 매달 일부를 보내주겠다고 약속했다. 그 후 지금까지 20년간 언니는 생활비를 보내주고 있다.

"상옥아, 세상이 얼마나 더러운지는 너보다 내가 더 잘 안다. 엄마 아빠 걱정하시니 가끔 집에나 들러라."

그때 언니가 남기고 간 이 한마디는 평생 잊히지 않았다. 상옥과 언니는 초등학교와 중학교를 정상적으로 다니지 못할 만큼 가난하였다. 1970년대 초반 경기도 광주 곤지암 근처 농촌에서 살다가 상경하였다. 아는 이 하나 없는 서울에서 두 딸이 식모 생활을 해야만 호구가 이어지는 가족이었다. 하루는 부잣집의 갈비구이가 너무 맛있어 어린 여동생을 데려와 먹였다. 이것이 주인에게 발각되어 상옥은 쫓겨났다. 겨울이면 군밤 장사도 하고, 여름이면 공사판에 나가 일하고……

대한민국은 참으로 이상한 나라이다. 이렇게 찢어지게 가난한, 아니 사회에서 내팽개쳐진 집안의 아이들일수록 나라에 대한 충성심이 강하다. 상옥은 박정희 유신독재의 앞잡이였다. 시골에서 있었던 일이다. 아침에 「새마을 노래」가 울려 퍼지면 일어나 청소를 했다. '북괴'가 언제 쳐들어올지 모르는 시대, 늦잠 자는 동네 아이들을 마구 깨워 청소를 시켰다. 동네 아이들에게 「애국가」를 합창하도록 가르쳤다.

상경하였다. 언니가 난생처음으로 화장품을 사들였다. 화장품이라고 해봐야 콜드크림이었다. 허리띠를 졸라매고 살아도 모자랄 판에 얼굴에 이런 것이나 바르고 다닐 거냐며, 언니의 뺨을 내리쳤다. 서울에 올라와 동네마다 목욕탕이 있는 것이 이상하였다. 몸이야 물 퍼서 씻으면 되는 것을 뭐 하러 돈 내고 씻느냐는 거였다. 상옥의 중고등 학창생활은 한마디로 박정희 유신독재의 걸스카웃, 그것이었다. 얼마나 슬피울었는지 몰랐다. 박정희 대통령이 서거하고서……

부정의 부정. 상옥이 대학을 간 것은 자신의 출신성분에 대한 부정이었다. 상옥이 공장에 들어온 것은 부정에 대한 부정이었다. 고향에 온 것처럼 공장생활이 편했다. 그도 그럴 것이 공장에서 만나는 모든 여동생들과 모든 아주머니들이 다 친근한 이웃이었기 때문이다. 상옥은 여공들보다 더 검소했고, 여공들보다 더 근면했으며, 여공들보다 공장 밥을 잘 먹었다.

하인벨에서 박진희와 이미정이 연세대 출신 위장취업자임이 밝혀졌을 때 노동자들은 놀라지 않았다. 그런데 박상옥이 고려대 출신 위장취업자라는 사실 앞에서 노동자들은 수긍할 수 없었다. 화장기라곤 없고, 자기들보다 더 후진 옷 하나 걸치고 자기들보다 더 게걸스럽게 식당 밥을 잘 먹는, 시골에서 올라온 아줌마처럼 보였던 언니가 고려대 학생이라니!

회사에서 고등학교 생활기록부를 떼어 와 붙여놓은 이후에야 노동자들은 할 수 없이 믿게 되었다. 노동자들은 상옥의 학교 성적을 외우고 다녔다. 국어 영어 사회 과학은 우 수 수 수. 그런데 수학만 미. 상옥이 언니 수학공부 못해서 공장 들어왔다는 농담이 유행했다.

임금투쟁이 시작되었을 때 상옥은 식당 벽에 "노동자가 개돼지만도 못하냐. 개밥식사 개신하라"는 구호를 썼다. 평소 상옥의 식사량을 알고 있던 노동자들은 웃었다. "지는 그렇게 잘 처먹고선 이제 와 개밥이라고?"

뒤숭숭했다. 반장이 박상옥을 조용히 불렀다. 반장은 공장에서 잔뼈가 굵은, 마흔 중반이었다. 진심 어린 충고를 했다. "너 고생도 많이 한 애 같은데 조직의 배후 조종을 받고 이러는구나. 무서운 조직이니 빨리 빠져나와라. 네가 불쌍해서 하는 말이다."

그 당시 여자들 자취방에는 사과궤짝으로 만든 옷장

때늦은 졸업식, 교정에 선 박상옥.

이 하나씩 있었다. 부엌엔 연탄불, 도마와 칼, 라면 끓여 먹을 냄비 하나. 이것이 살림의 모든 것이었다. 당시에는 돼지비계가 매우 귀중한 지방 공급원이었다. 정육점에서 돼지비계 한 덩이 얻어와 김치 넣고 끓이면 훌륭한 김치찌개가 되었다. 한 번 먹고 다시 끓이면 더 맛있는 김치찌개가 되었다.

하인벨에는 세 명의 학출이 위장취업해 있었다. 앞에서 말한 연세대 출신의 박진희와 이미정 그리고 박상옥. 이미정은 말투도 느리고 잠이 많아서 공장 체질이 아니었다. 요리도 한 번을 안 해본 것 같았다. 미정이 찌개를 끓이면 먹을 수가 없었다. 그래도 진희는 "야, 대충 먹자" 하며 미정의 어리숙함을 덮어주고 지나갔다.

해고되면 출근투쟁을 하는 것이 당시의 관례였다. 회사 정문 앞에서 악을 지르고 회사 남자들과 몸싸움을 하는 것이다. 미정은 새벽부터 이루어지는 출근투쟁에 자주 불참하였다. 잠이 많았던 것이다.

아버지인 리영희 선생께서 딸 미정에게 하셨다는 말씀이 생각난다. 딸이 운동권이라고 매일 술을 먹고 밤늦게 귀가했다. 술 먹고 초인종을 누르기 미안하여 자주 담을 타고 넘어 다녔단다. 그러던 어느 날 담을 타고 넘었는데 아뿔싸, 아버지가 그때까지 뜰에 서 계셨다.

"아가, 내가 본 일제시대의 사회주의자들은 너처럼 안 했다."

근엄하게 한 마디 던지시더라는 것이다.

┃**4** 바보회의 후예들

1985년 나는 양승조와 김지선을 자주 만났다. 양승조는 전태일이 만든 바보회의 유일한 생존자였다. 전라도 함평 촌놈. 나보다 열 살 선배였는데 무슨 인연이 깊었던지, 1985년 이래 형님 아우 사이로 만났다. 나는 주로 그에게 정치투쟁의 필요성을 역설했고, 그는 나에게 학삐리들의 조급성을 질타하였다. 너희들은 언젠가 노동현장을 떠날 것이라 예고하면서.

양승조와 김지선은 인천노동자복지협의회를 이끌고 있었다. 나는 노동자가 독재 타도의 선봉이 되어야 함을 역설하였다. 양승조도 전기 고문까지 당한 경험이 있는 터라 정치투쟁 노선에 대해 반대하지 않았다. 다만 우리들의 조급성을 지적하였을 뿐이다. 술이 들어가면 그는 자신이 당한 전기고문을 술회하였다.

들어갔더니 칠성판에 누우래. 재단 다이 같은 판 위에 누워 머리를 묶고 양팔을 묶는 거야. 한 놈은 주전자로 물을 붓고, 한 놈은 수건을 대서 코를 잡아. 고춧가루를 타. 배가 이만큼 불러오면 실신하지. 항복하고 싶으면 발가락으로 까닥하라는 거야. (그는 고문당하는 모습 그대로 발가락을 까닥했다.) 항복하지 않으면 다음 단계로 전기고문. 전기로 띠리릭 지져. 전기고문을 하면 뱃속에 든 것을 다 토하거든? 그래 아예 밥조차 주지 않는 거지. 고문하다 한 놈이 기진하면 다음 놈이 교대해. 몽둥이 찜질, 물고문, 전기고문, 이렇게 한 달을 당했어. 한 명도 안 불었거든? 느그들 혁명운동, 쉽게 말하지 마.

두꺼비 같은 눈알을 부라리며 학생들의 관념적 과격성을 이렇게 질타하기도 하였다.

또 그는 부부싸움만 하면 내 집에 왔다. 양승조 형은 나를 만나러 왔고, 형수도 내 처를 만나러 왔다. 유유상종이던가? 도바리 부부가 갈 데라곤 도바리 부부의 거처밖에 없었다. 따로 집 나간 부부가 다시 우리 집에서 화해주를 마시곤 했다.

1985년 가을 인천지역노동자연맹(이하 인노련)을 창립하였다. 물론 양승조가 대표를 맡았다. 나는 교육부장을 맡았다. 그는 1985년부터 이듬해까지 인천에서 터진 모든 대소사의 법적 책임자가 되었다. 그는 자신이 어떤 역할을 해주어야 하는지 잘 알고 있었고, 그 역할을 책임있게 수행하여주었다. 인천 노동운동의 형님이었던 것이다.

그는 괴로우면 주로 김지선 누님과 술을 마셨다. 백운역 맞은편 포장마차를 주로 갔다. 그렇게 많은 노동자들이 그의 주위에 포진하였지만 속마음을 털어놓고 이야기를 받아줄 이는 김지선 누님뿐이었다. 그녀는 그녀대로 고민이 많았다. 동료 여성노동자들이 결혼을 하면서 운동의 휴지기로 들어가는 것을 보면서 그녀는 고뇌하지 않을 수 없었을 거다.

결혼을 할 것이냐, 운동을 계속할 것이냐. 요즘엔 서른 살 넘고도 결혼할 의사가 없는 처녀들이 많지만 그땐 스물아홉 고개를 넘으면 노처녀로 분류되던 시절이었다. 노동운동을 위해 그녀는 결혼을 포기해야 하는 남모를 번뇌에 시달렸다.

그녀의 자취방은 모든 노동자의 휴식처였다. 아니 여인숙이었고 술집이었다. 노동자들은 갈 곳이 없으면 부담 없이 그 집의 문을 두드렸다. 물론 밥은 없었다. 다 라면이었다. 노동자가 해고된 지 한두 달이면 해고수당이 떨어진다. 그럼 라면으로 생존을 연명하는 시기에 돌입한다. 한 달 내내 라면을 먹어야 하는 경우가 비일비재하였다. 그녀도 '라면병'으로 입원한 적이 있었다. 콩팥이 붓고, 얼굴이 누렇게 떴다. 그래서 우리는 노동자의 누나라고 불렀다.

전희식, 그는 1980년대 인천 노동운동을 이끈 강한 사나이였다. 대우자동차 파업투쟁을 이끌었고, 마이크로 등 여러 공장의 노동조합 결성을 지도했다. 인노련의 투쟁국장을 맡으면서 그는 하루 24시간 뛰었다. 지도부 회의하고, 조직부 회의하고, 노조 지도하고, 투쟁 기획하고 점검하다 보면 24시간도 부족했다. 수면 결핍으로 그 싱싱하던 얼굴이 누렇게 바래갔다.

1985년도엔 금강 어디로 여름수련회를 갔다. 마이크로 여성노동자들을 비롯하여 150여 명이 갔다. 강가에 도착하자마자 짓궂은 남성노동자들이 여성노동자들을 강물에 빠뜨리는 장난부터 하였다. 여성노동자들은 깔깔대며 싫은 내색을 하지 않았다. 천국에 가서도 이처럼 천진무구하게 놀지는 못할 것이다. 여성노동자들이 가마솥으로 밥을 하고, 남성노동자들이 배식을 하였다. 너와 나, 남성과 여성은 모두 평등

하였다. 작업장의 고역이 깊은 만큼 강가의 놀이는 터질 듯 자유로웠다. 「노동해방가」를 부르며 우리는 신나게 춤을 추었다. "강제와 감시 속에 우울하고 고통에 찬 죽음의 고역 같은 노동에서 해방되어 자유를 얻고 기쁨에 찬 빛나는 노동 쟁취. 동지여! 두려움 없다 역사는 우리의 것."

돌이켜보면 그곳이 다시 갈 수 없는 우리들의 유토피아였나 보다. 한 여성노동자가 '살로우만 아저씨' 부르며 내 품에 안겼다. 격의 없이 서로의 품에 안길 수 있다는 것만으로도 행복하였다. 이후 감옥으로 끌려가고 결혼하여 아이를 갖고 생활에 찌들리며 살고 있을 것이다. 그때 그 많은 노동자들의 이름을 다 부르고 싶다. 만나 노래 부르고 싶다.

불을 찾아 헤매는 불나비처럼 밤이면 밤마다 자유 그리워
하얀 꽃들을 수레에 싣고 앞만 보고 걸어가는 우린 불나비.
오늘의 이 고통 이 괴로움 한숨 섞인 미소로 지워버리고
하늘만 바라보는 해바라기처럼 앞만 보고 걸어가는 우린 불나비.
오~ 자유여! 오~ 기쁨이여! 오~ 평등이여! 오~ 평화여!
내 마음은 곧 터져버릴 것 같은 활화산이야!
뛰는 맥박도 뜨거운 피도 모두 터져 버릴 것 같아.
친구야 가자! 가자! 자유 찾으러 다행히도 난 아직 젊은이라네.
가시밭길 험난해도 나는 갈 테야 푸른 하늘 넓은 들을 찾아갈 테야.

솔아 솔아 푸른 솔아

샛바람에 떨지 마라

창살 아래 내가 묶인 곳 살아서 만나리라

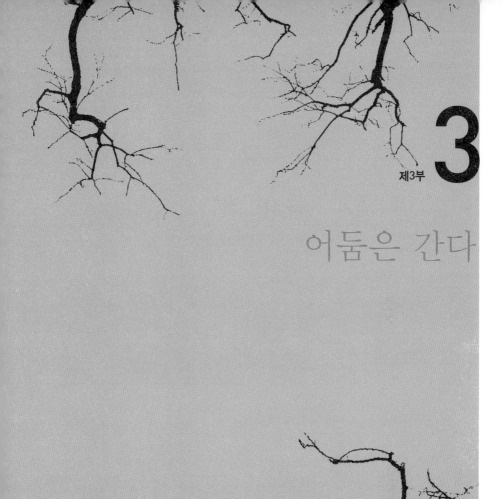

제3부 **3**

어둠은 간다

oı 비계에 올라

　1986년 4월 12일 부평역 앞 우체국 건물 4층에서 나는 고공시위를 하였다. 부끄러워 뭐라 기술하기가 힘들었다. 그런데 20년 만에 공범 박진희를 만나게 되었다. 연세대 교육학과 81학번인 그녀는 담대한 여성이다. 진희에게 그날의 일을 회고해달라고 부탁했다. 그런데 여섯 달이 지나도록 들려주지 않았다. 계속 부탁했다. 마침내 그 날의 기억이 이메일로 도착하였다. 당시의 상황에 대한 박진희의 이야기를 들어보면 여인의 마음이 훨씬 인간적임을 느낄 것이다.

　1986년 4월 12일 저녁, 부평역 앞 키다방 옥상으로 올라간 김동배와 나는 "폭력경찰 때려잡자" "살인정권 타도하자" "구속노동자 석방하라" 구호를 목이 터져라 외쳤다. 그리고 5분 뒤 계획대로 광우 형, 병무형, 이춘식, 한동식, 민연기가 맞은편의 우체국 공사 현장으로 올라가 횃불을 들고 플래카드를 펼친 채 시위를 이끌었다. 캄캄한 밤인 데다 4층 높이의 건물 위에서는 아래쪽의 상황을 전혀 확인할 수 없었다.

　우리의 예상과는 달리 시위가 굉장히 길어지고 있다는 것만 알 수 있었다. 시간이 흐르고 시위현장이 어느 정도 수습된 것 같은데 한참 동안 우리를 잡으러 올라오는 기미가 없어서 동배와 나는 상황 판단을 하지 못한 채 고민하다가 결국 잡혀 내려왔다. 내려와서 보니 우체국 현장에서는 연기만 잡혀 왔다.

생각할수록 참 독창적이고 파격적인 과감한 전술이었다. 전술은 광우 형의 제안으로 이루어졌다. 주동팀을 초동조와 본동조로 나누는 것이다. 초동조인 나와 동배가 인근 건물 옥상에 올라가 함성을 지르면 경찰들은 우리를 잡으러 올라올 것이다. 그 틈을 타고 본동조가 우체국 건물 4층으로 올라가, 본격적인 시위를 개시하는 것이다.

시위를 성공적으로 이끌기 위해 본동조는 공사현장의 비계를 탔다. 매우 위험한 일이었다. 사전에, 관악산에 올라갔었다. 온몸을 끈으로 묶고, 높은 나뭇가지에 매달려 비계 타는 연습을 하였던 것이다.

이날의 시위는 예상시간을 훨씬 넘겨 진행됐고 우리 자신도 놀랄 정도로 성공적으로 진행되었다. 오랜 시간을 끌었다는 것뿐만 아니다. 시위 주동자는 무조건 잡히는 것으로 알고 있던 당시 상황에서 신나게 싸우고 주동자도 무사할 수 있었다는 사실은 활동가들 내부의 패배주의를 씻어내는 통쾌한 사건이었다. 우리의 힘으로 적을 제압할 수 있다는 자신감이 그대로 5·3 인천투쟁으로 이어졌다고 해도 그다지 틀린 말은 아닐 것이다.

우연인 듯 보이는 사건들 속에 질긴 인연의 끈이 필연으로 얽혀 있는 것일까? 우연히 광우 형을 다시 만나면서 잊고 있던 20년 전의 역사가 내 앞으로 성큼 다가왔다. 지금 이 나이가 되고 보니 도저히 상상할 수 없는 일들을 우리의 젊은 패기 하나로 이루어냈다는 사실이 돌이켜볼수록 신기하다. 그것이 역사이고 그 역사의 현장에 내가 걸은 발자국 또한 찍혀 있으리라 생각하니 오늘의 역사를 이루어낸 수많은 이름 없

위험과 안전의 갈림길, 비계. 높은 곳
에서 공사를 할 수 있도록 임시로 설
치한 가설물.

는 조상님들 앞에 모골이 송연할 뿐이다.

어디서 어떻게 활동하다 온 사람들인지 우린 서로에 대해 아는 게 없었다. 성장환경도 학벌도 나이도 심지어 실명조차 알지 못했다. 열악한 노동환경에 맞서 노동자가 주인 되는 세상을 건설하는 데 불씨가 되기 위해 만났다는 사실 하나만으로 동지가 되었다.

함께한 친구들의 신상에 대해서는 재판 과정에서 공소장과 판결문을 통해 알게 되었다. 그리고 20년 만에 광화문의 국가기록원 서울 사무소를 찾아 다시 판결문을 교부받았다.

김동배는 서울대 경영학과 제적생으로 삼익악기 해고자였다. 인천 지역 노동현장에는 1984년부터 학생 출신 활동가들이 눈에 띄게 늘고 있었다. 작업환경이 열악한 작업장에서 일을 못해 어수룩하고 얼굴이 희멀끔하면 학출이라고 찍어도 크게 틀리지 않았을 것이다. 그 대열 속에 동배도 나도 끼어 있었다.

눈빛이 반짝였던 동배는 처음 봤을 때 생김새로는 영락없는 촌놈이었다. 연행된 뒤 광우 형과 같은 학교 출신인 터라 치안본부 전문가들이 부평경찰서에 직접 내려와 집중적인 조사를 받았다. 유치장에 있는 동안 거의 얼굴을 보지 못했는데 내가 형사들에게 끌려 나가다 우연히 마주쳤을 때 보니 얼굴이 말이 아니었다. 입술이 부르터 피딱지가 앉았고 원래 시커먼 얼굴이었는데 허옇게 떠 있었다.

조사를 받는 동안 동배는 유치장에 잠깐 들어왔다가 다시 불려 나가곤 했는데 밤늦도록 돌아오지 못하고 밤샘 조사에 일종의 전기고문도 받았다. 동배 말로는 '퍽' 하고 맞으면 '악' 소리가 나지만 전기봉으로 지지면 '으으으' 소리가 난다고 했다. 동배가 유치장에서 치안본부로 끌려간다면 조직수사로 사건이 확대될 판이라 긴장하지 않을 수 없었는데 다행히 잘 마무리되었다.

민연기를 생각하면 늘 안타깝다. 키가 크고 준수한 외모의 연기는 내 기억에 말수가 별로 없고 조용했다. 서울에서 고등학교를 졸업하고 현장에 취업한 지 얼마 안 된 상태에서 파업을 주동했다는 이유로 해고됐고 우리와 뜻을 같이하게 되었다. 연행된 세 사람 가운데 가장 나이 어리고 세상 경험도 많지 않은 데다 학생 출신도 아니어서 안타깝고 미안한 마음이 많았다. 재판정에서 보니 홀어머니의 큰아들이었다. 기회가 된다면 꼭 한 번 뵙고 그 마음속 서리서리 맺혔을 한을 조금이라도 풀어드리는 게 도리일 것이다.

내가 개인적으로 연기에게 더욱 미안한 까닭이 또 있다. 세 사람 가운데 항소심에서 나만 집행유예를 받은 것이다. 일반적인 집시법 위반 사건이었다면 아마 연기가 먼저 나갔을 것이다. 그런데 연기는 본동조에서 유일하게 잡히는 바람에 경찰관 폭행의 책임을 모두 떠맡게 되었고, 그 덕(?)으로 여자인 내가 나가게 되었다.

동배는 조사받느라고 고생했는데 연기는 경찰서에서 얻어맞느라고 무지하게 고생했다. 연행된 뒤 비교적 화기애매한 분위기에서 한참 조사를 받고 있었다. 그런데 현장을 덮치려다 본동조에게 두들겨 맞고 팔을 붕대로 칭칭 감은 수사과장이 뒤늦게 나타났다. 소리를 질러대기 시작했다. 갑자기 분위기가 살벌해지더니 여기저기서 퍽퍽 소리가 나기 시작했다. 조사가 끝난 뒤에 나도 몇 차례 불려 나가 머리채를 끌렸고 머리에 온통 혹이 솟아 구치소로 넘어온 뒤로도 한참 동안 잠잘 때 바닥에 머리를 댈 수 없을 지경이었다.

연기는 본동조에서 경찰관 폭행에 직접 가담했다는 이유로 뻑 하면 불려 나가 맞고 왔다. 그때가 봄이었지만 아직 날씨가 쌀쌀할 때여서인지 연기는 패딩점퍼를 입고 있었는데 옷의 솔기가 다 터지고 여기저기 솜이 비어져 나와 성한 곳이 한 군데도 없었다. 우리 모두가 당할 것을 연기 혼자 감당했던 것이다. 그리고 그 죄로 1년 6개월을 꼬박 감옥에서 보내야 했다.

연기를 생각하면 나는 어린 동생에게 무거운 짐을 지운 누나의 심정이 된다. 그래서 참으로 건방진 생각일지 모르나, 우리가 함께했던 그날 그가 당당하게 여기 자본의 노예가 아닌 한 사람의 인간 민연기가 있다고 자랑스럽게 외칠 수 있었고, 그래서 세상 살아가는 데 큰 힘이 되었길 마음속으로 기원한다.

항소심까지 거의 10개월을 교도소에서 보냈다. 출소해서 춘식이, 동식이, 병무 형을 만났다. 춘식이와 동식이는 참 싹싹해서 나를 누나라 부르며 다정하게 대해줬고 병무 형도 반갑게 맞아주었다. 그리고 20년이 흐른 지금 아주 우연히 광우 형을 만나 그동안 잊고 있던 마음속 이야기를 털어놓게 되었다.

살아오면서 문득문득 나는 끈을 놓아버린 게 아니었던가 싶은 순간이 있었다. 나를 지탱해주는 생명과 같은 인간에 대한 믿음이라는 끈을. 정말 오랜만에 옛 동지들과 술 한잔 기울이며 우리 사이를 이어주고 있는 그 끈을 뜨거운 가슴으로 느껴야겠다.

박진희는 그날 키다방 옥상에서 체포되어, 우체국 건물 4층에서 벌어진 본조의 투쟁 상황을 알 수 없다. 몇 자 적는다.

우리들은 신축공사 중인 우체국 건물 4층 위로 올라가 비계에 몸을 매달았다. 형사들이 잡으러 오면 함께 떨어져 죽어버리겠다는 결의의 표현이었다. 한 시간여 4층 건물 비계 위에 몸을 매달고 유인물을 뿌리고 악을 썼다. "폭력경찰 때려잡자" "독재정권 타도하자" "구속노동자 석방하라."

역 앞에 모인 500명의 시위대는 부평역 앞에서 부평시장 쪽으로 이동하였다. 시위대가 모두 부평시장 쪽으로 이동하고 나니, 우리만 비계 위에 동동 매달리게 되었다. 나는 동지들에게 철수 명령을 내렸다.

바로 그 순간 형사 세 명이 우리를 잡으러 올라왔다. 나는 화염병을 들어 형사의 엉덩이를 명중시켰다. 엉덩이에 불이 붙은 형사들은 호들 갑을 떨며 도망갔다. 우리는 몽둥이를 들고 1층 출입구로 내려갔다. 출 입구에 당도하니 다시 대여섯 명의 형사들이 우리를 덮쳤다. 나는 몽둥 이를 휘두르며 저항했다.

전투를 끝내고 대로에 나섰다. 신발도 안경도 없었다. 순간 외로움 이 밀물처럼 내 가슴에 밀어닥쳤다. 부평역 앞에서 구월동 나의 집까지 한 시간여. 나는 맨발로 투덜투덜 걸었다.

한 후배녀석이 그날 밤 내가 잡혀간다고 아내에게 기밀을 누설해버 렸다. 아내는 남편이 잡혀가는 마지막 장면을 보러 아이를 안고 부평역 에 나갔다. 아내는 낭패하였다. 잡혀간 줄로 알았던 남편이 먼저 집에 와 있었던 것이다.

o2 5·3 인천항쟁

1986년 5월 3일, 햇볕도 따사하게 내리쪼이던 인천 주안동 시민회관 앞 사거리. '신민당 개헌추진위원회 인천경기지부 결성대회' 개최 시각 인 오후 두 시도 채 되지 않아 인파가 꾸역꾸역 몰려들기 시작했다. 사 람들은 자못 흥분과 긴장을 감추고서 분주히 이리 갔다 저리 갔다, 서 로가 서로의 동정을 살피느라 바빴다. 회관에 부착된 스피커에선 "군 부독재 타도하여 민주정부 쟁취하자"는 소리가 굉음처럼 주위를 울리 기 시작했다.

그때 석바위 쪽에서 1,000여 명 되는 무리가 "군부독재 타도하고 민주헌법 쟁취하자"라는 플래카드를 내세우고 구호를 외치며 네거리 쪽으로 밀려왔다. "생활임금 쟁취하자!" 인천의 노동자들이었다. 이와 거의 동시에 2,000여 명 되는 학생들이 "미제 축출 파쇼 타도!"를 절도 있게 박자 맞추어 우렁차게 외쳤다. 길가에 붙어 있던 뭇 사람들은 참으로 오랜만에 전개되는 자유의 행군을 열띤 박수로 맞이하였다. 순식간에 주안사거리 광장은 "미제 축출 파쇼 타도!"의 결연한 투쟁의지로 물들었다.

한 차례의 시위를 마친 뒤, 참석한 여러 운동단체들은 각기 자신의 연설무대를 설치하느라 바빴다. 두 대의 마차를 이어붙인 뒤 파란 깃발을 높이 치켜든 인노련이 사거리의 정중앙을 차지하였다. 김일섭은 리어카를 끌고 가서 김지선이 전날 맡겨놓은 유인물을 싣고 왔고 '꽃병' 운반책들은 전투조 앞에 정확하게 화염병을 배달했다.

합판을 깐 리어카 위에 올라서서 마이크를 잡은 전희식과 서기화는 군사독재정권이 저질러온 범죄행위를 폭로하고 '여야 대타협' 쪽으로 기울고 있는 신민당을 비판하며 노동자가 주인 되는 사회의 건설을 주장했다. 오후 한 시가 되었을 무렵에는 시민회관 앞, 네 방향 도로를 완전히 메우고 군부독재 타도를 외치는 5만여 명의 노동자, 학생, 시민 들의 함성이 하늘을 찔렀다.

전경들의 격렬한 공격이 개시되었다. 방독면, 방패로 완전무장한 저들은 최루탄을 마구 퍼붓기 시작하였다. 순식간에 광장은 온통 재채기를 하거나 눈물 짜는 사람들로 메워졌다. 가슴이 미어질 것 같았고 앞을 볼 수 없었다. 그냥 앞뒤 없이 어느 골목 가정집으로 들어가 마구 물을 퍼 댔다. 한참 멍하니 앉아 있다, '이대로 있어선 안 되지, 비겁하게!' 하는 생각으로 다시 최루탄 지대로 돌입하였다.

　사람들은 보도블록을 깨고 있었다. "좋다. 나도 깨자." 전경들은 신
포동 쪽과 석바위 쪽 두 곳에 전선을 치고 있었다. 주먹만 한 돌을 양손
에 움켜쥐고 전선을 향해 돌진하였다. 최루탄을 도저히 이겨내지 못하
겠다 싶은 데까지 접근하여 힘 있게 돌팔매질을 하였다. 그러나 애석하
게도 2~3미터 앞에서 멈춰버렸다.

　최루탄은 정말 사람을 죽이는 화학가스였다. 나는 연거푸 그 화학가
스 앞에 무릎을 꿇고 되돌아서야만 했다. 헌데, 물 한 번 축이지 않고
전경들 코앞에서 계속 돌팔매질을 하는 10여 명의 학생들이 있었다.

온종일 최루탄과 맞서 싸운 젊은이들.
ⓒ 경향신문사

'참 용감한 녀석들'이라고 생각하였다.

　신민당 개헌추진위 결성대회는 열리지 않았다. 김영삼 씨가 대회장에 접근하려다가 최루가스 때문에 들어오질 못했다는 소식이 들렸다. 두 개의 전선에서 공방은 계속되었다. 시민들은 건물 옥상에 올라가거나 도로변의 화단에 올라가 '전투'를 구경하였다. 이렇게 세 시간이 흘러갔다.

　해가 서산에 기울고 있을 무렵, 저들은 대대적인 반격을 시작하였다. 동인천 쪽부터 최루탄차를 앞세우고 광장을 휩쓸었다. 전선은 여지 없이 무너지고 사람들은 주안역 쪽으로 후퇴하였다. 시민들은 이 골목 저 골목으로 숨어들어 갔다. 텅 빈 사거리엔 그날 뿌린 수십여 종의 유인물이 휘날리고 있었다.

　주안역을 사이에 두고 또 한 차례 전투가 벌어졌다. 이번엔 전경대가 아니라 헬멧을 쓴 서울시경 제3기동대였다. 으스스하였다. 상당수의 노동자, 학생 들은 주안역사 2층에서 투석으로 맞붙다가 다시 퇴각하였다. 공단으로 들어서는 길목엔 많은 아낙네들과 어린이들이 우리들을 둘러보았다. 나중에 들은 얘기지만, 이날 밤 동인천으로 간 학생들은 파출소를 타격하면서 신나게 싸웠다 한다. 그러면서 많이 잡히고.

　경찰은 전국 각지에서 지원받은 73개 중대 1만여 명의 병력을 총동원했다. 5·3 항쟁 현장에서 연행된 400여 명 가운데 133명이 소요죄와 집시법 위반으로 구속되고 50여 명이 수배를 당했다. 광주항쟁 이후 최대 규모의 구속과 수배였다.

　당시의 상황에 대해 전희식의 이야기를 들어보자.

　양승조 형은 5·3 투쟁이 끝나면 인노련이 유지되기 힘들 것으로 판단했어요. 경찰 탄압이 심해서죠. 승조 형은 큰 역할을 하였어요. 조직을 방패막이한 지역의 상징이었죠.

인천 5·3 투쟁의 동원 책임 내가 맡았지요. 주동자로 일곱 명이 떴어요. 최고 주동자가 나였고, 노병직, 서기화, 박건우, 이미정이 같이 떴어요. 동원과 기획의 총책임을 내가 맡았어요.

당시 학생운동 진영은 시민회관 앞에서 동인천으로 행진하자는 주장을 하였고 우리는 주안역을 점거하고 주안공단으로 가자는 주장을 하였지요. 두 입장이 끝까지 맞섰어요. 학생들이 공장 사정을 몰랐던 거죠.

우리가 진격 방향을 주안공단으로 잡은 것은 우리 힘으로 경찰 봉쇄를 뚫을 수 있다는 자신감이 있었기 때문이에요. 동원 역량을 점검하여 보니 2만 명이 되었어요. 대단한 힘이었죠.

그날 10만 명이 군집했어요. 하루 종일 싸웠지요. 보도블록을 깨 전경들과 붙었지요. 경찰이 공격하기 시작하면 공격하는 쪽으로 우리가 진격했지요. 자연스럽게 주안역 쪽을 뚫고 나갔어요. 건오랑 나랑 영웅적으로 싸웠던 것 같아요. 내가 연단에서 계속 연설을 했는데, 이동식 리어커 연단이었어요. 리어커 운전을 맡았던 애들이 여덟 명. 이 친구들이 리어커를 붙들고 연단을 움직였어요.

03 짱돌을 들어

권력은 '1986년 5월 3일 인천대회'를 좌경용공 분자들의 소요사태로 조작했고, 일대 검거 선풍이 몰아닥쳤다. 전봇대에 수배사진이 붙었다. 다음날 5월 4일은 아들의 돌이었는데, 이때부터 두 번째 수배생활이 시작되었다.

그러던 어느 날, 외롭게 사는 아내와 외식이라도 하려고 미팅을 하였다. 아내는 아들을 업고 왔다. 함께 음식점에 들어갔다. 식사를 하면서 아내는 주위가 이상하다고 불안해하였다. 그런 것 신경 쓰지 말고 밥이나 맛있게 먹으라고 말했다.

　　식사를 마치고 계산대에 나가니 아뿔싸, 형사들이 주민등록증을 보잔다. 형사들이 아내의 뒤를 밟은 것이다. 당시 나는 조현업이라는 이름의 주민등록증을 가지고 다녔다. 어렵게 구한 주민등록증이었다. 걸이를 안을 수 있는 사나이의 이름은 분명 황광우였다. 그런데 황광우가 아닌 조현업의 주민등록증이 나온 것이다. 형사들도 약간 당혹했다.

　　"왜 생사람을 잡어?"

　　"........."

　　답변할 말이 없는 형사들. 잠시 파출소까지 가잔다. 나는 아들을 아내에게 인계했다. 어떻게 할 것인가? 파출소에 당도하면 그것으로 끝장이다. 파출소로 가는 도중 결단을 내려야 한다.

　　여기서 잡힐 순 없다. 할 일이 태산 같은데. 나는 비장하였다. 튀자. 튀는 것밖에 없다. 튀다 잡히든 이대로 잡히든 밑져야 본전. 그런데 형사들은 두 명이다. 한 명은 해치울 수 있어도 두 명은 감당할 수 없다.

　　아내와 나는 약속이나 한 듯 거리를 두기 시작하였다. 아내는 아들을 안고 가기 때문에 계속 뒤에 처졌고, 나는 총총걸음으로 앞서 나갔다. 50미터쯤 걸었을까? 모퉁이에 상가가 있는 사거리에서 나는 냅다 뛰기 시작했다. 언덕길이었다. 30미터를 달리지 못하고 다리가 풀렸다. 술과 담배로 찌든 몸의 부실함을 절감하였다.

　　더 달아나지 못하고 형사에게 붙들렸다. 격투가 시작되었다. 어렸을 때 배운 권투, 레슬링, 유도 모든 실력을 다 동원하였다. 한 방을 먹였는데 맞질 않았다. 형사와 나는 권투에서 레슬링으로 들어갔다. 레슬링으로 들어가니 불리한 쪽은 나였다. 형사는 나를 붙들기만 하면 되었기 때문이다.

구렁이처럼 휘감고 들어오는 형사의 팔을 뿌리치는데 뿌리쳐지지가 않았다. 형사는 내 허리춤을 잡고 놓아주지 않았다. 형사는 나를 붙들고 동료가 달려와 주기만을 기다렸다. "김 주사! 김 주사!" 하고 외치기 시작했다. 아내를 연행하는 형사가 내 쪽으로 달려오는 순간, 나는 끝이라고 생각했다.

그때 짱돌이 손에 잡혔다. "이놈 한번 죽어봐!" 소리치며 짱돌을 치켜들었다. 순간 구렁이는 내 몸을 풀기 시작했다. 형사도 생활인이었다. 범인을 체포하는 일에 목숨은 내놓을 수 없었다. 형사는 동료가 있는 쪽으로 달려갔다.

나는 다시 뛰었다. 발이 움직이질 않았다. 몇 걸음 기어가 어느 집 담장을 넘었다. 언덕길 꼭대기였기 때문에 담이 낮았다. 몸을 넘겼다. 그대로 쓰러졌다. 어두운 밤하늘에 별들이 반짝였지만 나는 숨을 쉬기 힘들었다. 30분쯤 쓰러져 누웠다. 어서 이 위험지대를 벗어나야 한다는 긴장감에 다시 일어났다. 후배 자취방에 와서 보니 바지는 걸레가 되었고 온몸이 상처투성이였다. 며칠을 몸살로 누웠다.

한 달 후 아내를 만났다. 내 탈출의 반은 아내의 공이었다. 내가 뛰기 시작한 사거리 상가 앞에서 아내는 악을 쓰기 시작했다는 것이다. 그땐 유부녀 납치가 극성을 떨던 무렵. "이상한 남자가 유부녀를 납치해요"라고 상가 사람들에게 호소했다는 것이다.

형사는 자신의 신분증을 쉽사리 공개하지 못했다. 주민들은 형사를 믿을 수 없었다. 형사는 졸지에 유부녀 납치범으로 몰렸다. 마침내 자신의 신분증을 주민들에게 보여준 뒤에야 주안파출소로 아내를 연행할 수 있었다. 그사이 남편은 달아났고 아내는 중요한 전화번호를 입에 넣고 씹어 먹은 후였다. 형사들은 1계급 승진시켜줄 중요 수배자를 다 잡아놓고 놓친 것이다.

다시 한 달 후, 시험공부를 하고 있던 처남이 누나 집에서 조용히 공부할 요량으로 구월동 집을 찾았다. 처남의 몸집은 나보다 더 좋았다. 형사들이 덮쳤다. 허리춤을 붙들고 놓아주지 않았다.

"아저씨들 왜 이런데요?"

(처남은 전주 출신이어서 말이 어눌하다.)

"너 황광우잖아?"

"나는 박만규이구먼요."

(전주 말투는 충청도 말씨처럼 느리고 순하다.)

"짜식, 주민증 전문 위조범 아냐?"

"아니구먼요. 난 박경옥 씨 동생이구먼요."

"따라와! 넌 죽었어."

그렇게 형사들은 정작 수배자는 잡지 못하고 선량한 시민들만 괴롭혔다.

04 권인숙의 수기

신민당은 국회의 개헌특위 안으로 들어가 버렸다. 독재를 무너뜨릴 힘은 국회에서 나오지 않았다. 그 힘은 민중운동에 대한 권력의 야만적 박해와 이에 대한 민중의 분노에서 나왔다.

언론은 5월 3일의 항전을 연일 용공, 극렬, 폭력 등의 말로 악선전하였다. 우리를 국민에게서 고립시켜나갔다. 치안본부는 민중운동의 주요 지도자들에 대한 전면적인 수배령을 내렸다. 이 과정에서 부천에서 자취 중이던 권인숙이 6월 4일 남의 주민등록증을 갖고 공장에 들어간 혐의로 부천경찰서에 연행되었다. 경찰은 권인숙을 조사실에 불러놓고 5·3 인천사태와 관련해 수배 중인 양승조를 아는지, 또 양승조의 소재가 어디인지 등을 집요하게 취조했다.

권인숙의 첫 모습은 누가 보아도 여리다. 연약한 한 여대생에게 역사는 너무 큰 짐을 지운 것은 아닌가? 다음은 권인숙의 수기 『하나의 벽을 넘어서』(거름 1989)의 일부를 발췌한 것이다. 당시의 절박하고 참담했던 상황을 생생히 보여준다.

1986년 6월 4일.

"여기 자취하는 아가씨 한 명 있죠?"

그것은 예사스런 목소리가 아니었다. '아 올 것이 왔구나!' 설마 했던 형사가 나를 잡으러 온 것이다. 형사들은 나를 밀치고 방을 뒤지기 시작했다. 취업을 위해 준비해놓았던 다른 이의 주민증이 그들의 손에 쥐어지자 나는 체념 상태에 빠졌다. 순순히 옷을 더 껴입은 채 형사들에게 이끌려 아파트를 나왔다.

'예감의 현실화.'

멍멍했다. 어떤 식으로 이 상황을 뚫고 나갈 것인가? 바보같이 굴 것인가, 아니면 강경하게 싸울 것인가? 전혀 생각이 정리되지 않았다.

"에이, 이거 C급밖에 안 되잖아!"

그들은 투덜거리며 취조를 시작했다. 실적도 오르지 못할 사건을 야밤에 맡게 되어 못내 귀찮아했다. 남의 주민증을 사용해 취직했던 사실을 순순히 자백했다. 주민증은 일단 길에서 주웠다고 에둘렀다. 자술서를 썼다. 형사는 자술서에 따라 타자를 치고 나는 구술하면서 진술조서를 작성하였다. 새벽 세 시였다. 참으로 괴로운 밤이었다. 모든 것이 낯

설기만 했다.

1986년 6월 5일.

아침 일찍부터 대공과 형사들이 들이닥쳤다.

"쟨 뭐야?"

"위장취업잡니다. 피라미예요."

갑자기 형사 몇 명이 다가왔다.

"너 양승조 알지?"

"모릅니다. 몰라요."

이어 한 형사에게 이끌려 1층으로 내려갔다. 나의 방에서 새로 수색
해낸 물건들이 쌓여 있었다. 전날 찾아내지 못했던 파손된 주민증이 형

사의 손에 들려 있었다.

"이거 니가 어떻게 만들었지?"

"아닙니다."

갑자기 그는 거칠게 나의 뺨을 때렸다. 아주 매운 손이었다.

"이년 아직 정신 못 차렸군. 너 이제 내가 맡았어. 따라와."

1986년 6월 6일

"너 양승조 알지?"

"모릅니다!"

"너 그럼 5·3 사태 관련자 중 누구 알아?"

"아무도 모릅니다."

"이년 안 되겠군. 간첩도 나한테 잡히면 다 불어. 서울대학? 너 같은 년들 하나둘 다뤄본 거 아니야. 5·3 사태 때 잡혀온 애들, 내 앞에서 빌면서 다 불었어."

한참 동안 협박 공갈이 이어졌다. 양승조나 수배자들을 모르면 부천에 와서 관계했던 다른 사람들을 대라고 했다. 내가 만나던 사람들은 피라미가 아니라는 것이다. 내가 서울대 출신이니 잡아 올라가다 보면 거물급 수배자가 있다는 거였다. 불행히도 아는 사람이 없었다.

일어나 자기 앞에 서라고 했다. 윗저고리를 벗으라고 했다. 남방도 벗으라고 했다. 흰색 반팔 면 티셔츠만을 입은 채로 다시 섰다. 서슴없이 나의 티셔츠와 브래지어를 들추었다. 너무 놀라 나의 몸은 쪼그라들고 있었다. 그러나 말문이 열리지 않았다.

"너 처녀냐?"

"네."

간신히 대답하자 그는 나의 가슴을 유심히 들여다보았다. 다시 나의 가슴을 만졌다. 바지의 지퍼를 내렸다.

"제발, 제발, 이러지 마세요. 전 아무것도 몰라요. 제발, 제발……"

이말 말고는 아무것도 떠오르지 않았다.

"안 되겠군. 이년아, 간첩도 자궁에다 봉만 박으면 불어. 5·3 애들도 발가벗기고 저 위에다 올려 세우니 다 불더라. 이년 정말 안 되겠군. 가서 고춧가루 물 좀 가져와."

소리쳤다.

"발가벗고 저 책상 위에 올라가!"

1986년 6월 7일.

이불을 개고 앉아 있는데, 문 형사가 나의 이름을 불렀다. 온몸에 소름이 돋았다. 보호실 문을 열고 나가자 그가 나를 태연하게 기다리고 있었다. 그의 흔들리지 않는 태연함에 나는 또 한 번 질렸다. 압도당하였다. 수사계 맨 끝 방인 그의 조사실로 갔다.

마주 앉자마자 다짜고짜 그가 물었다.

"너 양승조 안다 그랬지?"

"아뇨. 그런 말 한 적도 없고 알지도 못해요."

"너, 오늘부터 대우가 달라져."

보호실로 돌아와 털퍼덕 주저앉았다. 문이 다른 방법의 고문을 할리 없었다. 아무리 생각해도 '대우'란 성고문이었다. '아! 이제 나는 어떻게 해야 하는 거니? 어떻게?' 감당할 자신이 없었다. 또다시 나의 몸을 발가벗기고 가슴을 만진다면, 그런다면. 여자로 태어난 게 원망스러웠다. 차라리 몽둥이로 쥐어 팬다면 얼마나 좋을까라는 생각이 들었다.

엄마 생각이 났다. '엄마, 제가 이런 꼴로 당하고 있어요. 무섭게 생긴 형사가 또 나를 발가벗기려 하고 있어요. 또 가슴을 만지면 어떻게

문귀동 형사 조사실. ⓒ경향신문사

해요. 엄마.'

"권인숙, 나와."

문의 목소리였다. 순간 절망감과 두려움이 온몸을 휘감았다. 보호실 문을 나섰다. 정각 21시였다. 컴컴한 수사계 안을 지나 1호실로 들어갔다. 불은 켜져 있지 않았다. 그는 내게 꿇어앉으라고 명령했다. 그의 앞에 꿇어앉았다. 낯선 형사 두 명이 들어왔다. 그는 의자에 의젓하게 앉은 채로 두 형사에게 지시했다.

"이년 손 좀 봐주지."

한 형사가 나의 두 팔을 뒤로 돌려 수갑을 채웠다. 그러자 다른 형사가 무릎 사이에 봉을 끼웠다. 그들은 호흡이 척척 맞았다. 봉으로 넓적다리를 때리기 시작했다. 몹시 아팠다. 나는 소리를 지르기 시작했다.

"살려줘요. 제발 이러지 마세요."

그들은 화를 내면서 더 격하게 때리기 시작했다.

"이년이 어디서 소리를 질러. 여기가 니년 집 안방인 줄 알아?"

무섭고 아팠다. 허리를 때리기 시작했다. 뼈가 부러져 나가는 것 같았다. 이를 악물고 신음을 참았다.

"이년 안 되겠군. 고문가방 가져와."

"간첩도 고문하면 다 부는데 니년이 독하면 얼마나 독하냐!"

그는 비양거리면서 나의 티셔츠와 브래지어를 위로 올리고 바지 단추를 풀고 지퍼를 내렸다.

"오 하나님! 차라리 저를."

죽고 싶었다. 내가 겪고 있는 이 일들이 정녕 사실이라니, 실제라니…… 그는 할 수 있는 모든 짓거리를 했다.

'이제까지 나는 무엇을 해왔는가! 대학 4년, 그리고 공장생활 1년. 역사의 진보를 위해서 이리저리 찾아다녔던 그 5년. 그러나 나는 무엇을 해내었는가? 나 혼자만의 괜한 몸부림이 아니었는가! 우리 부모께 눈물과 한을 던져드린 것 말고도 내가 만들어낸 것은 무엇인가? 내가 진정 이 역사에 조금이나마 쓸모 있는 인물이었던가? 이제는 여기까지 와서 인간 이하의 능멸을 거듭 당하고 있다. 내가 진정 마룻바닥에 앉아 있을 자격이라도 있는 것인가?'

o5 그해 교도소의 여름은 무더웠지, 인숙아?

박진희는 4·12 부평역 앞 고공시위를 주도한 나와는 공범 사이다. 그녀는 부평경찰서를 거쳐 인천구치소에 수감되었다. 그해 여름 박진희가 권인숙과 더불어 같은 방에서 투옥생활을 하였음을 나는 아주 최근에 알게 되었다. 나는 권인숙과 아무런 직접적 인연이 없었으나 박진희를 통하면 나와 권인숙도 연관되어 있었던 것이다. 하여 교도소 안에서 있었던 일을 박진희를 통해 소상하게 들을 수 있었다.

내가 처음 인천교도소 여사에 수감되었을 때는 양심수의 숫자가 많지 않아 일반수와 합방을 하고 있었어요. 일반수들은 대부분 아줌마들이었지요. 죄수라 하지만 죄수복을 입었다는 것뿐 세상 사람들과 하나도 다를 바 없는 평범한 여인들이었습니다.

각자 저지른 죄명에 따라 재미있는 특성이 있었죠. 간통으로 들어온 여인들은 예쁘장한 외모에 얌전했어요. 그들은, 우리가 소내 처우 개선

투쟁을 할 때 절대로 함께 나서지 않았어요. 무고로 들어온 아줌마들이 있었죠. 그들은 말솜씨에서 아무도 당해낼 수가 없었고 확신범 이상으로 당당한 경우가 많았어요. 사기 아줌마들은 대체로 말이 많고 자기주장이 강했어요. 경제사범들은 돈 걱정 없는 사람들이었지요. 불쌍하고 돈 없는 사람들은 도둑들이었는데, 도둑들은 어린 나이에도 전과가 많았지요. '유전무죄 무전유죄'의 주인공들이었습니다.

재판을 받으러 나가는 사람들에게는 한 가지 공통점이 있었어요. 자기는 죄가 없어서 이번에 반드시 석방된다는 것이에요. 처음에 나는 곧이곧대로 믿었어요. 웬걸, 재판을 받고 오면 죄질에 따라 양형에 많은 차이가 났어요. 순진했던 내가 오히려 충격을 받곤 했죠.

소내에서는 의료 문제와 식사 문제가 심각했어요. 교도소가 인권의 사각지대임을 모르는 사람은 없을 것입니다. 대한민국 아줌마치고 어디 한 군데 아프지 않은 사람은 없지요. 이 눈치 저 눈치 보며 치료조차 받지 못한 채 살아야 하는 교도소는 늘 아픈 사람으로 넘쳐났어요. 아프다고 가봐야 두통약이나 소화제가 고작이었구요. 쓸데없이 의료실에 들락거린다고 구박만 받을 뿐. 교도소의 의료부장도 명색이 의산데 환자들에 대한 동정심이라고는 눈곱만큼도 없었어요. 아플 때와 배고플 때가 가장 서러운 게 인지상정 아닌가요?

우리가 의료 개선 문제를 두고 한창 싸움하고 있을 때, 현경이가 주민등록증을 위조한 후배 문제로 조사를 받고 왔어요. 현경이는 권인숙을 공장으로 안내한 그녀의 직속 선배였지요. 당시 5·3 인천사태로 양심수가 갑자기 늘어나자 교도소 측에서는 양심수와 일반수를 분리해서 수용했어요. 현경이를 비롯한 5·3 인천사태 관련자들은 5방과 6방에 수용되고 주민등록증을 위조해 위장취업한 혜경이와 내가 4방을 쓰고 있었어요.

단식투쟁을 통해 의료 문제 개선을 약속받은 며칠 뒤의 일이었어요. 저녁식사를 마치고 있는데, 현경이 후배 인숙이가 우리 방으로 온다는 소식이 전해졌어요.

"인숙아!"

"언니!"

현경이는 수인복을 갈아입고 들어오는 인숙이를 불렀고, 인숙이는 현경이의 품에 안기고 싶어 서슴없이 사동을 내달렸어요. 교도소가 졸지에 이산가족 상봉장이 된 거죠.

인숙이는 해바라기처럼 홀쩍 큰 키에 너무 말라 허리가 휘청거렸어요. 귀여운 얼굴에 붙임성 있는 성격이었어요. 무뚝뚝하고 직선적인 나와는 달리 다감한 소녀적 감성이 넘쳐흘렀어요. 그래서 내 기억 속의 인숙이는 이제 갓 스물을 넘긴, 여리디여린, 때 묻지 않은 처녀아이로 남아 있어요. 내가 이감 가면서 잠시 헤어졌다가 의정부에서 다시 만났을 때 인숙이는 달라져 있었고 나를 당황케 했어요. 강철과 같은 면모를 느꼈다고 해야 할까요?

인숙이에게 처음 성고문 얘기를 들은 건 나와 혜경이었어요. 처음에 얼핏 얘기를 들었을 때 자세한 내용을 물어볼 엄두가 나지 않았어요. 한 사람의 여성으로서 받았을 상처를 마구 헤집어놓을 수도 있기 때문이었지요. 억지로 털어놓기를 강요하기보다 스스로 풀어놓을 때까지 기다려야 한다는 생각이 들었어요.

성도착자가 저지른 개인적 차원의 성폭행도 피해자에게는 평생 씻을 수 없는 상처를 안겨주는데, 이 사건은 권력의 이름으로 저질러진, 악랄한, 용서받을 수 없는 성고문 사건이었어요. 하지만 당시만 해도 여자에게 무조건 순결을 강요하는 정조관념이 지배하던 사회였지요. 자칫 잘못하면 피해자가 보호받기는커녕 평생 멍에를 짊어지고 살아야하는 상황이었어요. 인숙이는 자신의 상처를 도려내는 의연한 결단을 내렸어요. 우리는 한마음 한뜻이 되었고 더 이상 주저할 것이 없었어요.

역설적이게도 나는 교도소에서 참 자유와 해방의 기쁨을 맛보았어요. 세상에 두려울 것도 부러울 것도 없었어요. 독방에 갇혀 있어도 외롭지 않았구요. "만인을 위해 내가 싸울 때 나는 자유"라고 노래한 김남주의 시, 하나의 뜻을 향해 함께 걸어본 사람들은 이 시의 깊이를 느껴보았을 겁니다.

인숙이는 참담했던 상황을 비디오로 녹화한 듯 생생하게 기억하고 있었어요. 인숙이의 총명함 덕분에 어느 누구도 사건의 진실을 의심할 수 없었어요. 조사 과정에서 검사들까지도 그 점을 인정했지요. 우리는 진실이 밝혀질 것이라는 기대감에 들떠 있었어요. 하지만 검찰은 "성을 혁명의 도구화하려는 운동권의 조작극"이었다고 발표했지요. 혹시나했는데, 역시나였습니다.

검찰 발표에 대한 항의 표시로 네 번째 단식에 들어갔어요. 소내 단식투쟁은 양심수와 교도소 사이의 줄다리기로 끝나는 경우가 대부분이었죠. 하지만 성고문 사건의 반향이 워낙 커서 우리의 단식은 전 국민이 지켜봐준 투쟁이 되었어요. 상징적 의미가 컸다고 할 수 있을 겁니다.

단식을 하면 정말 먹고 싶은 게 많아져요. 특히 밤이 되면 정신이 말똥말똥해지면서 먹을 것 생각밖에 안 나요. 엄마가 해주시던 그 맛난 음식들…… 인숙이와 나는 누운 채 말로 다시없는 성찬을 먹어치우곤했어요.

"인숙아, 우리 밖에 나가면 순대 한 접시 먹자."

"언니, 내가 순대 먹다 잡혀온 걸 어떻게 알았어?"

성고문 규탄시위, 분노하는 눈빛들.
ⓒ 경향신문사

"야, 순대는 촌스럽다. 탕수육 한 접시 시키자."

맛있는 음식 얘기로 시간을 때우긴 했으나, 결과에 대한 실망감에서 오는 정신적 스트레스와 약해진 체력으로 인숙이는 가슴 통증을 호소했어요. 성고문 싸움 중에 가장 힘들던 때가 아니었나 싶어요.

우리의 우려와 달리 성고문 사건은 각계각층의 지지를 받으며 확대되고 있었어요. 그런 와중에 고려대 여대생 세 명이 성고문 발표에 항의하여 인천검찰청을 방화하는 사건이 터졌지요. 여대생 한 명은 심한 화상을 입었어요. 무더웠던 7월 말 어느 날, 취침시간이 지난 뒤였어요. 화상을 입어 상처에서 진물이 흐르는 여대생들을 교도관들은 그 찜통 같은 방에 던져놓고 나가 버렸어요. 참을 수 없었어요.

한밤중에 사동 안은 아수라장이 되었어요. 경교대들이 투입되었구요. 우리는 방 안에 있던 물건들을 집어 던지며 저항했어요. 경교대가 물러간 뒤 우리는 다시 구호를 외치며 싸웠어요. 이때 일반수들이 호응하여 함께 구호를 외쳐주었습니다. 당황한 교도소 측에서 응급처치를 약속해 우리는 잠을 잘 수 있었지요.

이날 내가 방에 있던 거울을 집어 던져 깨는 바람에 우리는 그 뒤로 거울 없이 생활해야 했어요. 몇 번이나 요구했지만 교도소 측에서는 다시 거울을 주지 않았어요.

"언니, 아까운 거울을 왜 깼어?"

인숙이는 두고두고 깨진 거울을 아쉬워했어요. 그때는 리영희 선생의 『우상과 이성』도 마음 놓고 읽을 수 없었지요. 웬만한 사회과학서적은 금서 목록에 올라 있었구요. 그래서 목록에 없는 책이나 원서를 읽곤 했지요.

그런데 인숙이는 사회과학 원서가 아닌 영어문법 참고서를 공부했어요. 특이한 일이지요. 이유를 물어봤더니 그냥 공부하는 거래요. 나

중에 미국 유학 간 소식을 접하고서야, 진작 그랬어야지, 하는 생각이
들었어요. 감옥에서 영어 공부하던 인숙이 모습이 떠올라, 난 혼자 웃
곤 했어요.

날씨가 시원해서 살만해진 9월 어느 날, 나는 의정부교도소로 이감
되었어요. 1심 재판 중인 인숙이를 인천교도소에 남겨둔 채요. 원래 교
도소에서는 이송 날짜를 알려주지 않지요. 아쉬움을 표현할 사이도 없
이 그렇게 우리는 헤어졌어요.

о6 묵비

노동운동을 하면서 가장 듣기 싫은 욕설이 '학삐리'였다. 그것은 노
동운동의 근처에 기웃거리는 대학생들을 비아냥하여 만들어진 언어였
다. 노동운동을 위해 일신의 안위를 포기하고 고난의 길을 걷는 이른바
위장취업자들에게 정작 노동자들이 보낸 시선은 곱지 않았다. 다시 태
어나지 않고는 해결할 수 없는 출신성분 차이의 벽, 이 벽을 넘어서는
일이 나에겐 가장 힘들었다.

깨놓고 말하자면, 나 역시 도시빈민의 아들이었다. 일주일에 끼니를
거른 날이 끼니를 챙긴 날보다 많은 깡빈민 말이다. 하여 밥만 보면 환
장하게 달려드는 1950년대 거지들의 배와 나의 배는 동일하였다.

여기 소개하는 노동자 전희식은 나와 아주 대조적이다. 그는 경남
거창의 뼈대 있는 양반가문의 후예였다. 대학 입학식만 치르지 않았지,
지적 능력이나 상황 판단력, 역사의식 등 모든 면에서 웬만한 대학생
출신 노동운동가보다 출중하였다.

1985년과 1986년 전희식은 인천지역 노동운동의 중심이었다. 상징

적으로도 그러했고, 조직으로도 그러했다. 조직의 모든 것을 안고 다닌 그가 조직을 보위하기 위해 벌인 투쟁은, 당시 우리들의 자세, 마음의 한 자락을 대변한다. 조직의 비밀을 지키기 위해서 목숨 걸고 싸워야 했던 전희식의 회상을 들어보자.

아마 1986년 7월 말경이었을 거예요. 인노련 지도부 회의가 잡혔어요. 노병직 형의 안내로 신림동에 사는 모 교사의 2층 집에서 회의를 했어요. 양승조, 김지선, 이용선, 노병직 그리고 내가 모였어요. 우리는 인천 차원에서 성고문 응징투쟁을 위한 회의에 들어갔지요. 부천경찰서를 타격하는 안건을 검토하기 시작했어요.

오전부터 시작된 회의가 낮시간을 가로질러 계속되고 있었는데 오후 서너 시 되었을까요. 느닷없이 벨소리가 울리고 바로 대문 두드리는 소리가 들리는 겁니다. 사태가 심상치 않음을 직감했지요. 그럴수록 우리는 냉정해야 합니다. 비상 대응요령에 따라 회의 문건들을 제거하고 숨죽이고 있었지요. 물론 신발은 항상 방 안에 들여놓았으니 신을 신었지요.

순간 2층 계단을 타고 올라오는 발소리가 들리더니 그대로 대여섯 명의 형사들이 덮치는 겁니다. 병아리 낚아채는 독수리처럼 말이에요. 다른 출구가 없었어요. 내가 맨 먼저 계단으로 나가 바로 형사들과 붙었어요. 용선이는 2층에서 뛰어내렸구요. 형사 두세 명이 나를 붙잡았는데, 그 당시만 해도 내 힘이 좋았거든요. 바로 형사들을 쓰러뜨리고 달렸어요.

"도둑놈 간다!"
하고 소리치며 형사들이 따라오는 거예요. 나는 무슨 말을 합니까?
"군부독재 타도하자!"

"강간정권 타도하자!"

외치면서 뛰었지요. 내가 잡범이 아니고 민주투사임을 알리기 위한 신호였던 겁니다. 그런데 형사들은 동네 입구부터 우리를 포위했던 거예요. 비탈길의 아래쪽으로 가속을 붙여 달리는데 한 놈이 내 발을 걸어버리는 거예요. 그대로 공중으로 붕 뜬 다음 몇 미터 날아 처박혔지요. 잡혔습니다. 저항했어요.

형사들 네댓 명이 달려들어 수갑을 채우려 하였지만 거부했어요. 할 수 없으니까, 끈으로 두 손을 뒤로 묶고 차 속에 집어넣더군요. 차 속에서도 구호를 외치니까, 아예 내 머리를 차 밑에 처박아 버리는 거예요. 이제는 묶인 두 발을 모아서 발질로 차량의 유리창을 내질렀지요. 차 유리문 세데요. 부서지지 않는 거예요. 다시 세 명이 내 몸 위로 올라탔지요. 한 놈은 숨통을 누르고 한 놈은 등을 누르고 한 놈은 다리를 눌렀어요.

저들은 안티푸라민을 손가락으로 푹 찍어서 내 눈 속에 집어넣어 문질러버렸어요. 구호를 외친다며 죽여버리겠다고 제 입을 강제로 벌려 에프킬라 있죠? 그걸로 목구멍에다 분사했어요. 각목으로 얼마나 맞았던지, 온몸이 피투성이가 되었구요. 왼쪽 귀가 절반이나 찢어져 나갔어요. 지금도 그때 상처가 이렇게 있잖아요?

30여 분 어디론가 차가 달리더니만 육중한 철문 앞에 당도했어요. 마당에 차가 서자 나를 끌어냈지요. 저항하면서 구호를 외치니까 이놈들이 양쪽 겨드랑이를 끼고는 "왜 이러십니까? 진정하세요?" 하면서 상당히 신사적으로 대하더라구요.

그러더니 현관 안으로 들어서자마자 돌변했어요. 다시 포악해졌어요. 놈들은 아예 긴 장대를 가지고 나의 팔목과 발목 사이에 끼우고 네 명이 나를 들어 올리는 거예요. 멧돼지처럼요. 정확히 기억은 없지만 3

층인가 4층이었을 거예요. 어느 취조실 문을 따고 나를 팽개쳐두고 다시 나가 버리는 거예요. 사방이 온통 시커먼 방이었어요. 아무것도 없는 빈방이었어요.

씨멘트 바닥이었습니다. 두 손과 두 발이 묶인 채 모로 쓰러진 상태였죠. 온몸은 격투 과정에서 피범벅이 되었고 사방은 시꺼먼 벽이었습니다. 천장 쪽에 바깥으로 통하는 좁은 창이 있었어요. 이대로 가다간 죽을지도 모른다는 공포가 들었어요. 아무도 없는 거예요. 피는 계속 흐르지, 바닥은 차지, 실신했어요.

얼마의 시간이 지났는지 모르겠어요. 깨어보니, 취조관이 내 이름을 묻는 거예요. 비몽사몽간에도 또 악을 썼어요.

"야 씨발 놈아, 동방예의지국에서 너는 예의도 없냐? 네 이름이 뭐냐?"

형사들이 달려들어 시문을 채취하려 하기에 또 필사적으로 저항했어요. 이 열 손가락 도장 찍느라 진땀 뺐을 거예요. 나는 오줌을 그대로 싸버렸어요. 취조관들도 오줌 냄새 맡기가 역겨웠던지 젊은 애들을 불러 나를 욕실로 데려가라고 하더구먼요. 일어설 수도 없었어요. 젊은 의경 몇이서 나를 메다시피 하여 화장실에 갔어요. 오줌 누기가 힘들었어요.

당시 우리는 체포되면 48시간 심문 거부 투쟁을 벌이기로 했거든요. 그날이 토요일이어서 더더욱 그랬나 봅니다. 당시엔 정보통신기술이 허수룩할 때였어요. 내 손에서 가져간 지문을 판독하지 못한 겁니다. 씨멘트 바닥에서 그날 밤을 이런 식으로 보낸 것 같아요.

다음 날에 깡패들보다 덩치가 더 큰 사나이가 들어왔어요. "나는 용철이라고 하는데, 이 바닥에선 용철이라 하면 다 압니다. 왜 사서 고생하세요. 이름만 얘기하시고 어서 나가도록 하세요"라며 전혀 딴판으로 나오는 거예요. 그들의 뻔한 수사기법임을 잘 알기에 코웃음 쳤죠. 다른 동지들 중 누가 잡히고 누가 튀었는지 대충이라도 알아야 내가 입을 열지 그 전에는 한마디도 하지 않으리라 작정했지요. 그런데 오후가 되자 차에 태워서 어디론가 또 싣고 갔는데 가서 보니 용선이랑 지선 씨가 잡혀 있는 거예요. 남부경찰서였습니다. 귀 상처가 너무 심하자 경찰병원에 가서 꿰맸는데 열두 바늘이라 하더군요.

다음 날 깊은 밤에 이들은 불쑥 나를 불러냈어요. 또 구속 수감되나 보다 했지요. 근데 인천 형님 집으로 나를 데려다 놓는 거예요. 나는 형님네 2층 방에도 안 들어가고 담을 넘어 다시 튀었지요. 내가 튀고 나서 한 시간도 되지 않아서 인천보안사 요원들이 형님 집을 치고 들어왔다고 나중에 들었어요.

나중에 들었는데 회합장소에서 유유히 빠져나온 승조 형은 뱀처럼 지혜로웠지요. 동네 아래로 내려간 것이 아니라 산 쪽으로 튀었어요. 격투 과정에 옷이 걸레처럼 다 찢어져서 승조 형 말로는 불알을 두 손으로 가리고 뛰어갔대요. 밤이 깊어서 동네로 내려와 빨랫줄에 옷이 걸린 어느 집에 들어가 청바지 하나 훔쳐 갈아입고 다시 뒷산으로 사라졌대요.

옥중 약혼식

김창한은 억세게 재수 없는 사나이였다. 아니 김창한은 우직한 사나이였다. 대림통상에서 해고투쟁을 하던 중 밤늦게 자취방으로 귀가하다가 불심검문에 걸렸다. 형사 한 명을 패고 달아나려 하였으나, 세 명이 에워싸고 김창한을 붙들었다. 남의 주민등록증의 사진을 갈아 끼우고 다니는 것은 당시 훈방감이었다. 그런데 창한이는 대학 다닐 때 쌓아놓은 전과내력 때문에 1년 형을 선고받았다. 인천구치소에 수감되었다. 하고 싶은 노동운동은 못하고 고문에 감옥만 들락거린 셈이다. 당시 감옥에서 어떤 일들이 벌어졌는지 김창한한테 직접 들어보자.

공사문서 위조범으로 들어와서 일반수와 함께 편하게 생활했어요. 어느 날 살인죄를 짓고 한 친구가 들어왔는데 교도관들이 그 친구를 너무 심하게 다루는 거예요. 보다보다 못해 간여를 했지요. 죄수들의 인권을 존중하라고 문짝을 두드리고 난리를 쳤어요.

한밤중에 외진 곳으로 끌려갔어요. 손을 머리 뒤로 꺾은 상태에서 묶고, 다시 발을 뒤로 꺾어 묶은 다음, 묶인 손과 발을 양 겨드랑이 사이로 각목을 끼우고 다시 묶어요. 다시 온몸을 밧줄로 칭칭 묶고 그대로 공중에 매달아놓는 거예요. 비녀 꽂기 고문입니다. 5분이면 숨을 쉬지 못해요. 숨을 못 쉬면 살짝 풀었다가 다시 묶고, 혀를 깨물지 못하도록 입에 방송구를 집어넣구요. 결국 항복했어요.

그날 밤에 당한 것이 너무 화가 나서 참고 있을 수가 없었어요. 다음날 아침 문 열자마자 담당자에게 달려갔지요.

"출소하면 너 죽어! 네 얼굴 생생히 기억해놓고 복수할 테니 그리 알아!"

쌍소리를 하며 덤벼들었어요. 다들 내 기에 질렸는지 아무 소리도 못했어요. 날 죽여라, 죽이지 못하려면 손대지 마라. 경고를 하고 돌아왔지요. 그 뒤 교도관들이 나만 보면 실실 피했어요.

1986년 6월 출소하여 황광우, 조승수 그리고 나, 셋이서 자취를 시작했어요. 부천의 송내동에서였지요. 본격적인 공부를 했어요. 나는 다시 공장에 들어갈 준비를 하고 있었는데 추석 무렵이었어요. 조승수가 여성노동자를 소개해주면서 학습을 부탁하는 거예요. 노동자 출신의 누님이라며 공부를 하고 싶어 한다고. 뿌리칠 수 없었고, 일주일에 한 번 만났어요.

처음에 『공산당선언』부터 가르쳤는데 어려워했어요. 안 되겠다 싶어 『들어라 역사의 외침을』을 교재로 했는데 무지하게 재밌어 했어요. 함께 학습한 이 여성노동자가 지금 내 아내입니다. 그런데 이상한 느낌이 왔어요. 누군가 우리 집을 체크하고 있다는 느낌이 들었어요.

그 무렵 친구가 「주체사상에 대하여」 녹취록을 갖고 왔었지요. 직접 손으로 쓴 것이었어요. 우연찮게도 전세방을 얻으려고 현금 100만 원까지 집에 마련해둔 상황이었어요. 경찰이 자취방을 덮쳤고, 부천경찰서로 끌려갔지요.

주체사상 문건, 그리고 전셋돈 100만 원, 여기에다 화려한 감옥 전력까지. 간첩으로 몰릴 모든 조건이 다 갖춰진 셈이었어요. 통닭구이 고문을 당했어요. 전두환의 철권정치가 가장 심할 때였어요. 고문관들은 일단 나를 간첩으로 엮는 고문작업에 들어갔지요.

손과 발을 묶고 몽둥이를 끼워 책상과 책상 사이에 걸어놓는 것이에요. 두 놈은 발버둥치지 못하게 잡고 있고, 한 놈은 손수건을 얼굴에 씌우고 물을 먹이지요. 다른 한 놈은 각목으로 발바닥을 때리는 겁니다. 통닭구이와 장작질, 동시 고문이었어요. 죽입니다.

고문은 한밤중에 시작해서 새벽녘까지 이어졌어요. 수사관들은 술을 마시고 와 얼큰하게 취해서 작업을 시작했어요. 그들은 이미 인간의 얼굴이 아니었어요.

고문실에서 친구와 헤어지면서 죽음으로 사수하자고 다짐했지요. 다른 사람들에게 피해를 주지 말자고 결의했어요. 마음의 준비를 했기 때문에 편하긴 했으나 발바닥 통증은 참기 힘들었어요. 수사관들도 지쳤는지 새벽에 갈 사람은 가고 나머지는 졸데요.

다시 인천구치소로 넘겨졌어요. 위장취업자들이 대거 감옥으로 들어왔지요. 그 수가 50~60명에 이르렀어요. 감방으로 가고 있는데 "창한이 형, 우리 싸우고 있어요. 소리 좀 질러줘요" 하는 거예요. 나의 감옥투쟁이 소문이 났던가 봐요. 여섯 달 정도 미결수로 있었는데 두 달 이상을 단식했지요. 지금도 가슴이 답답하고 그러는데 아마 그때 무리한 단식투쟁이 원인이 되지 않았나 싶어요.

어느 날 아침 조승수가 큰 목소리로 떠들었어요.

"형, 희례 누님하고 약혼해요!"

황당했어요. 뭐 이래? 희례 씨는 소박하고 순수한 여성노동자였지요. 남녀 간의 이성적인 감정은 없었어요. 그런데 승수가 다 들리는 곳에서 큰 소리로 떠들어버린 거예요.

머리가 땡했어요. 잠깐 생각 좀 하자고 했어요. 그냥 거부해버리면 한 여성의 체면이 말이 아니고, 그렇다고 기분으로 장담할 일도 아니고. 결혼은 일생일대의 문제인데…… 구석에 가서 고민을 했지요. 스스로에게 물었어요. 창한이 네가 생각하는 결혼조건은 뭐냐?

첫째는 몸이 건강해야 한다. 몸이 건강하지 않으면 험난한 길을 동행할 수 없다. 둘째 나와 같은 길을 가는 사람이어야 한다. 이 땅의 가난한 이웃들과 함께 웃고 함께 우는 삶. 민중과 동고동락하는 삶을 사는 사람이어야 한다. 그래야 서로에게 반려가 될 수 있을 것이다. 셋째 대학생 출신보다는 노동자라면 더 좋겠다는 결론이 나왔어요. 우리가 가야 할 험난한 삶, 노동자라면 언제라도 초지일관 살 것이기 때문이었죠.

희례 씨는 조건이 다 맞는 거예요. 나머지 부족한 것이 있으면 살아가면서 채워가면 되었지요. 이윽고 나는 승수에게 좋다고 답했어요. 초

코파이를 구했지요. 「솔아 푸르른 솔아」를 함께 불렀습니다. 옥중 약혼식이 거행된 것이죠.

"거센 바람이 불어와서 어머님의 눈물이 가슴속에 사무쳐오는 갈라진 이 세상에 민중의 넋이 주인 되는 참 세상 자유 위하여 시퍼렇게 쑥물 들어도 강물 저어 가리라. 솔아 솔아 푸르른 솔아, 샛바람에 떨지 마라. 창살 아래 내가 묶인 곳 살아서 만나리라."

o8 야산만 보아도 무서워

1986년 11월, 김창한의 방까지 털리고 나자 인천엔 더 이상 머물 곳이 없었다. 모든 자취방이 형사들의 먹잇감이었다. 형사들은 그냥 자취방의 열쇠를 부수고 방을 뒤졌다. 책 한 권만 나오면 그것으로 국가보안법 위반죄로 구속시키는 시절이었다.

주인집 아주머니는 형사라면 꼬박 넘어갔다. 젊은것들이 출입하느냐, 혹시 밤늦도록 모임을 하느냐 물어보았다. 그렇다고 말하면 이 자취방은 감시 대상이 되었다. 그렇게 권인숙이 잡혀갔다. 그렇게 김창한이 잡혀갔다. 1986년 부천에서.

그냥 잡아갈 수도 있지만 좀 두고 보았다. 더 많은 먹이를 끌어들이기 위한 그들의 간계였다. 일제시대에도 그랬다. 중요한 것은 조직의 상부선이었다. 피라미들을 잡아보아야 형사들에겐 아무 의미가 없었다. 피라미들의 윗선, 대어를 낚아야 했다. 대어 한 마리면 인생을 고쳤다. 진급시험에서 좋은 점수를 받기 힘든 형사들에게 1계급 특진에다 포상금까지 탈 수 있는 기회가 널려 있었다.

1986년 10월 17일 치안본부장은 전국의 경찰서 대공과장을 소집하여 주요 수배자 50명을 조속히 잡아들이라고 명령하였다. 주요 수배자 50명이란 지하조직의 리더 50명이었다. 리더를 잡아들이면 지하조직은 끝장난다. 이른바 지하조직 소탕령을 내린 것이다.

그도 그럴 것이, 이들 지하조직을 방치한 상태에서 1987년의 정치일정을 순탄하게 추진할 수는 없었다. 신민당이야 어르고 구슬리면 데리고 갈 수 있는 정치세력이지만 지난 5월 3일처럼 다시 10만 명 이상의 '불순분자'들이 정국을 뒤흔든다면, 이것은 집권세력으로서 체면이 안 서는 일이었다.

전국의 경찰병력 10만 명이 동원되었다. 율곡 선생이 주장한 그 10만 병사가 나섰는데, 백주대낮에 활보하는 50명의 지하조직 리더들을 한 명도 잡아들이지 못했다. 꿩 대신 닭이라고 했던가? 그래서 권인숙이 잡혀갔다. 양승조를 대라고 고문했다. 김창한을 잡아갔다. 윗선을 끄집어내려 하였으나, 김창한은 그 죽음의 고문을 완강히 버텨냈다.

다시 12월 1일 전국 도경 대공과장 회의를 소집하였다. 12월 10일까지 수배자를 검거하지 못하는 경찰국장과 서장은 모가지를 자르겠다는 초강경 방침을 시달하였다. 방법은 간단했다. 간첩 한 마리를 풀어 놓고 이 간첩을 잡아들이지 못하는 경찰국장과 서장은 근무 태만이라는 합법적 사유로 해직하면 그만이었다. 물론 채찍이 있으면 엿도 있는 법. 수배자를 잡아들이는 경찰서엔 1계급 특진과 격려금이 쏟아질 것이었다.

나는 부평경찰서 형사 세 명에게 몽둥이를 휘둘렀고, 화염병으로 화상을 입혔다. 유독 심했다. 치안본부, 안기부, 부평경찰서, 광명경찰서 소속 형사들이 내 친족의 목을 졸라왔다. 어머니가 살고 있는 신림동 쪽방이나 사당동의 형 집은 형사들 사랑방이 되었다. 아내가 거처하던 인천의 구월동 주공아파트는 그들의 근무지가 되었다.

"당신 남편은 지금 모 여성과 딴살림을 차렸소."

형사들은 이렇게 아내를 괴롭혔다. 아내가 가장 참기 힘들었던 말은 이런 식의 이간질이었다 한다. 남편 하나 보고 남편 하나 믿고 두 살배기 아들을 키우고 있는데……

이즈음 같은 인노련 조직원이던 김지선 누이는 또 어떻게 당하였던가? 영화 「살인의 추억」에서 송강호가 용의자를 야산으로 끌고 갔을 때 우리는 그것이 고도의 고문임을 의식하지 못하였다. 김지선이 겪은 일은 20년이 지난 오늘 들어도 등골이 오싹하다.

동생한테 여비를 얻으러 밤늦게 갔다가 형사들에게 붙잡혔어요. 머리에 포대자루를 씌운 채 승용차 뒤에 태워서 끌고 가더라고요. 한 시간 정도 갔을까요? 인천 근처의 야산에 내려놓았어요. 어두컴컴할 때였는데, 여섯 명 정도의 형사들이 양승조, 김일섭, 황광우 등 수배자가 있는 데를 대라고 구둣발로 짓밟는 거예요. 때리다 지치면 쉬었다가 다시 또 때리고…… 얼굴은 포대자루로 씌워놨으니까 아무것도 보이지 않는데, 형사들이 피는 담뱃불 타오르는 건 보이더군요.

"니년 옷 벗기고 거꾸로 매달아 죽여버려도 아무도 모른다."

부천서 성고문 얘기를 하면서 이렇게 위협을 했어요. 그게 그냥 협박이 아니라 실제 그럴 수 있는 때였어요. 울며불며 버텼어요. 더 때려봐야 소용없겠다 싶었나 봐요. "여기서 입만 뻥긋하면 쥐도 새도 모르게 죽여버리겠다"고 으름장을 놓더니 풀어주데요. 그때가 새벽 세 시쯤 됐으니까 한 다섯 시간을 당했나 봐요. 그 후로는 산만 봐도 소름이 끼쳤어요.

o9 고문의 정석

총구가 나의 머리숲을 헤치는 순간
나의 양심은 혀가 되었다
허공에서 헐떡거렸다 똥개가 되라면
기꺼이 똥개가 되어 당신의
똥구멍이라도 싹싹 핥아주겠노라
혓바닥을 내밀었다
나의 싸움은 허리가 되었다 당신의
배꼽에서 구부러졌다 노예가 되라면
기꺼이 노예가 되겠노라 당신의
발밑에서 무릎을 꿇었다

— 김남주 「진혼가」 부분

1987년 1월 13일 김종호 내무부장관이 치안본부 대공분실에 들러
주요 수배자들을 조속히 검거하라고 지시하였다. 내무부 장관이 대공
분실에 들러 직접 지시를 했다는 것은 한두 명쯤 죽여도 괜찮다는 살인
허가증이나 다름없었다. 그렇게 여러 동지들이 소리 소문 없이 사라졌
다. 연안가스 노동자 신호수가 야산에 생매장되었다. 카투사에서 근무
하던 김용권을 무지막지한 고문으로 죽였다. 서울 성수동의 나이 어린
여성노동자 네 명을 야산에 끌고 가 집단 강간하였다. 그들은 인간의
목숨을 파리 목숨 취급하였다.

본디 수사과정에서 약간의 폭행이 발생할 수 있음은 우리들도 이해
하는 바이다. (그렇다고 폭행을 인정하는 말은 아니다.) 형사들도 인간

인데, 피의자가 명백한 증거를 자인하지 않고 계속 무죄를 고집할 경우, 피의자의 뺨을 때릴 수도 있고, 주먹질을 할 수도 있는 법이다. (그렇다고 주먹질을 인정하는 말은 아니다.) 형사들도 인간인데 피의자가 계속 자신의 범법 사실을 자랑스러운 행위로 고집하면 순간 혈압이 올라, 피의자의 목을 쥐고 숨통을 막히게 할 수도 있다. (그렇다 하여 인간의 숨쉴 권리를 폭력으로 억압하는 짓이 잘했다는 것은 아니다.)

고문은 이런 감정적 격분에서 터져 나오는 주먹질이 아니다. 고문은 계획된 조직적 행위이다. 먼저 자술서를 받지 않는다. 치안본부 대공분실 4층 고문실에 끌려가면 이유도 없이 먼저 온몸을 짓이긴다. 일제시대부터 내려온 전통이다.

'축구공 차기'라는 것이 있다. 피의자 한 사람을 여러 고문관들이 빙 둘러싼다. 한 놈이 힘껏 두들겨 패고 다른 놈에게 넘긴다. 인계받은 고문관은 자기 몸이 지칠 때까지 두들겨 패고 또 넘긴다. 같은 폭행이 연속된다. 대다수의 피의자들은 여기에서 항복한다.

"살려주십쇼. 제발 목숨만 살려주십쇼. 하라는 대로 다 하겠습니다."

어디에선가 친절한 아저씨가 등장한다.

"어이, 우리 인간적으로 대화하자. 담배 한 대 피고, 자, 써."

먼저 항복을 받고 시작하는 것이 고문이다. 기를 꺾어놓는 것이다. 피의자는 공포에 떤다. 동지를 불면 배신자가 된다. 하지만 살고보아야 한다는 생존본능의 소리가 더 크게 들린다.

고문은 고문관의 의도대로 인간을 조작하는 조직적인 범죄이다. 그들의 의도에 조금이라도 협조하지 않을 경우, 제2차 작업이 개시된다. 축구공 차기에도 굴복하지 않으면 다음 작업은 통닭구이에 물고문. 여기에서도 무너지지 않으면 제3차 작업으로 전기고문이 기다리고 있다.

고문의 정석, 그 다섯 장면.
ⓒ조월희

100프로 무너진다. 과음하여 화장실로 달려가 몸속에 들어 있는 온갖 오물을 쏟아내듯 구역구역 다 털어낸다.

1980년 6월 황지우 시인이 저 악명 높은 성북경찰서에서 겪은, 일본 지식인들 앞에서 고백한 '지옥의 체험'을 들어보자.

지옥이 지옥인 것은 단테 『신곡(神曲)』의 지옥 입구에 "여기서는 모든 희망을 버려라"고 쓰여 있듯이, 거기에서는 죽어버리고 싶은 마지막 희망도 가질 수 없기 때문입니다. 이 지옥의 체험은 나의 고문의 체험을 말합니다.

고문은 그 수단이 아무리 단순한 것일지라도 고문당한 사람의 뇌피질에 영원히 지워지지 않는 트라우마(정신적 외상)의 멍 자국을 남깁니다. 나는 지금도 머리 감다가 물이 코로 조금만 들어와도 숨이 헉 하고 멈춰버리고, 금방 그 지긋지긋한 고문실에 거꾸로 매달려 있는 자신에게로 돌아갑니다.

나는 이성이라든가 양심, 정의, 도덕성과 같은 인간성의 특징들이 모두 증발되어버린 한낱 비참한 짐승의 고깃덩어리였다는 자기 혐오감; 그 생각은 아무리 떨쳐버리려 해도 떨어지지 않는 진드기 같은, 사이코 속의 벌레입니다. 연일 되풀이되는 고문 끝에 내 허위자백으로 영문도 모르고 끌려 들어온 친구가 내게 그랬던 것처럼 '통닭구이'(물고문의 자세를 말함)가 되어 물고문을 당하고 있는 장면 앞에 나는 서 있어야 했습니다. 그의 코와 입으로 꿀꺽꿀꺽 들어가는 물과 함께 돼지 목 따는 것 같은 비명이 터져 나오고 그가 나에게 퍼붓는 욕, 저주를 들었을 때 나는 내 영혼이 찢어지는 것을 느꼈고 내 내부가 파열되었습니다.

결국, 고문은 육체를 통해 들어오는 고통이 조서에다가 받아쓴 담론으로 귀착됩니다. 그 담론은 인간의 육체를 쥐어짜면 즙처럼 진실이 나온다고 생각하는 고문기술자와 필사적으로 거짓말을 해야 하는 피고문자 사이의 언어의 싸움인데, 그러나 문제는 이 언어게임에서 코드를 결정하는 자가 언제나 고문자이며 그 코드는 이미 결정되어 있다는 데 있습니다. 사건의 '와꾸'는 사건보다 더 먼저 짜여 있기 때문입니다. 그렇기 때문에 사건이 와꾸에 맞지 않을 때 고문자는 피고문자의 육체 속에서 나오는 즙을 믿으려 합니다.

그리고 "매에는 장사가 없다"는 한국 속담대로 고문에 굴복하지 않는 육체는 거의 없습니다. 내가 단성사 극장 앞에 나가 유인물 몇 장 뿌린, 이 초라한 사건은 김대중 내란 음모와 관련된 도심지 폭동사건으로 위조되어 있었습니다. 고문의 담론은 이 위조의 자율조종 체계입니다. 내가 친구를 만난 것은 '접선'으로, 그에게 이야기한 것은 '교사'로, 그에게 부탁한 것은 '지령'으로, 그에게 택시비를 준 것은 '자금'으로, 내 친분관계는 '조직'으로 금방 위조됩니다. 고문실에 들어가면 우리의 일상적인 삶은 극히 사소한 것까지도 무시무시한 범죄가 되어 있습니다.

나는 거미처럼, 내 몸에서 나온 말이 만들어놓은 함정에 거꾸로 매달린 채, 하나의 사물을 지시하는 데 있어서 나는 고등학교 동창생 친목계일 뿐이라고 말하고 고문자는 김대중 사조직이라고 말하는 언어의 이중 체계 및 그것의 고통스러운 피드백에 대해 잠시 생각해보았고, 순간 그와 내가 같은 국어를 사용하고 있다는 것을 깨닫고 한없이 수치스럽고 견딜 수가 없었습니다. 그 국어로 고문자는 다정스럽게 내 귀에 대고 속삭였습니다: "너 같은 놈 하나쯤은 죽여버려도 끄떡없는 권리를 국가는 나에게 줬단 말야. 알어? 널 믹서기로 갈아 하수구에 흘려버리면 그만이야." 나는 혼절해버렸습니다.

—「끔찍한 모더니티」(『황지우 문학앨범』, 웅진 1995)

제4부

4

역사의 새벽

01 책상을 '탁' 치니 '억' 하고 죽었어요!

압제는 스스로 자신의 무덤을 팠다. 1987년 1월 14일, 남영동의 치안본부 대공분실에서 박종철 군이 의문의 죽음을 당했다. 치안본부에서는 책상을 '탁' 치니 '억' 하고 죽었다고 발표하였다. 그 제1차 발표를 사실이라 믿은 사람은 없었다. 다음, 두 명의 고문관이 물고문하는 과정에서 실수로 죽이게 되었다고 발표했는데 이것도 거짓이었다. 두 명이 아니라 다섯 명이었다.

저들은 박종철의 시신을 48시간 만에 화장해버렸다. 박 군의 삼촌이 목격한 바에 따르면 온몸이 피멍투성이였다. 각목으로 두들겨 팼을 뿐만 아니라 전기봉으로 지졌을 것이다. 사타구니까지 피멍이 들었다니, 남자의 거시기까지 못 쓰게 만들 작정이었던가? 하지만 무엇이 진실인지 우리는 알 수 없다.

희한한 일이었다. 모든 피의자들은 고문 하루 안에 다 항복하였다. 대학 3학년생, 그 어린놈이 끄떡하지 않은 것이다. 내무부 장관까지 시찰한 상황이다. 치안본부 고문관들은 황당하였을 것이다. 뭐, 이런 놈이 다 있어?

고문은 살인을 가장한 협박이다. 이대로 가면 죽을 것 같은 공포심리 상태로 인간을 몰아넣는 과정이다. 죽이지 않으면서 죽음으로 가고 있다는 공포심을 자아내는 것이 고문관의 기술이다. 죽임은 고문의 실패작이다.

서울대 민주화추진위원회 사건 관련 수배자들의 소재를 취조받으며 고문을 당하던 종철은 죽음을 선택하였던 것 같다. 그는 항복을 거부하였다. 그래서 흥분한 고문관은 그의 목을 눌러버린 것이다. 죽기 직전 손과 팔을 파닥거릴 줄 알았는데 그대로 숨을 거두어버린 것이다. 박종철은 고문받다 죽은 고문치사가 아니다. 엄밀히 말하자면 고문에 대한 항거 속에서 죽음을 선택한 고문저항사였다.

『동아일보』의 김중배 기자는 그날의 참담함을 이렇게 기술하였다.

하늘이여, 땅이여, 사람들이여. 저 죽음을 응시해주기 바란다. 저 죽음을 끝내 지켜주기 바란다. 저 죽음을 다시 죽이지 말아주기 바란다.

태양과 죽음은 차마 마주 볼 수 없다는 명언이 있다는 건 나도 안다. 태양은 그 찬란한 눈부심으로, 죽음은 그 참담한 눈물줄기로, 살아 있는 자의 눈을 가린다.

그러나 서울대 언어학과 3학년 박종철 군, 스물한 살의 젊은 나이에 채 피어나지도 못한 꽃봉오리로 떨어져간 그의 죽음은 우리의 응시를 요구한다. 우리의 엄호와 죽음 뒤에 살아나는 영생의 꿈을 기대한다.

"흑. 흑흑……"

걸려오는 전화를 들면, 사람다운 사람들의 깊은 호곡(號哭)이 울려온다. 비단 여성들만은 아니다. 어떤 중년의 남성은 말을 잇지 못한 채, 하늘과 땅을 부른다. 이 땅의 사람다운 사람을 찾는다.

— 김중배 칼럼 「하늘이여 땅이여 사람이여」 부분

박종철 고문 현장검증. ⓒ경향신문사

또 서울 동대문구에 사는 한 가정주부는 일간지에 이런 편지를 보내기도 했다.

다섯 살 난 딸아이가 그러더군요. 서울대생 박종철 군이 경찰의 물고문으로 숨졌다는 말을 듣고 '엄마, 왜 오빠가 물 먹고 죽었어?'라고 물었습니다. 전 당황해 무어라 말하지 못하였습니다. 가슴이 아팠습니다. 박 군의 고문치사 사건에 접한 뒤 고통과 분노로 생활의 리듬마저 깨어졌습니다.

— 『동아일보』 1987년 1월 27일자 「휴지통」

한편 박종철을 죽인 두 고문관은 전혀 뉘우치지 않았다. 조한경 경위와 강진규 경사는 운동권 학생은 공산당이며, 이 사건도 공산당을 때려잡는 일을 하다가 재수 없게 일어난 사고 정도로 생각했다. 운동권 학생을 체포하여 처벌하는 것은 공산당의 괴수 김일성을 처부수는 것과 같은데 이렇게 구속까지 될 줄은 몰랐다면서 한탄했다.

"박 군은 큰 범죄도 저지르지 않았는데 왜 그렇게 심하게 고문했냐?"는 기자들의 질문에 그들은 이렇게 답했다. "여기 한번 들어오면 아무런 혐의가 없어도 똥물을 토해낼 때까지 고문합니다. 그래야 바른 대로 말을 할 뿐만 아니라 여기서 있었던 일을 발설하지 못합니다."

바로 그런 시대였다.

02 인간 박종철

박종철 누나는 『동아일보』에 다음과 같은 '아픔의 글'을 보냈다.

요즈음의 어지러운 세상에서 그렇게 성실하고 떳떳하고 순수하게 살아가는 사람이 몇이나 될까? '누구에게라도 옳은 것은 옳다고, 그른 것은 그르다고 말할 수 있는 우리가 되어야 한다'고 힘주어 말해오던 아이였다. 종철이의 생활신조가 '하늘을 우러러 한 점 부끄러움 없이 살자'였다.

그렇게 살아가는 종철이의 눈에 우리 사회가 어떻게 비쳤을까? 또 저의 따뜻한 생활에 반해 외롭고 고달픈 생활을 하는 부류의 사람들을 묵인할 수 없다며 뛰어다니던 아이였다.

결국 죽음으로써 이 땅에 크나큰 공헌을 하고 간 이 나라의 자랑스런 한 청년을 국민들은 잊지 말아주었으면 한다. 죽은 후에 엉뚱하게 훌륭한 인물이 되어버린 것이 아니다.

진정한 '된 사람'인 종철이의 억울한 죽음에 하느님께서 노하셨으리라. 종철이를 진정 알고 있는 어느 누구가 이 말에 부정할 수 있을까? 잘 모르는 사람들은 운명이라고 생각하라지만 어떻게 그렇게 단순한 하나의 낱말로 종철이의 죽음을 묻어두란 말인가? 길을 가다가 놀고 있는 어린애들을 그냥 지나치지 않고 한참 동안이나 같이 뛰고 놀곤 하던 내 사랑스런 막내둥이를 어찌 잊으란 말이냐?

박종철, 역사의 불꽃이 되다.

동생의 죽음을 운명이라 생각하지 말아달라는 누이의 편지는 우리에게 무엇을 호소하려는 것인가? 박종철은 고문관의 악독한 짓에 의해 억울하게 죽은 여느 청년이 아니었다는 것이다. 그는 죽음으로 군부독재와 맞선 참으로 우직한, 황소보다 더 우직한 청년이었다.

다음은 『박종철 평전』(박종철출판사 1998)에 실린 한 대목을 발췌한 것이다. 이것만 보아도 박종철은 참으로 바르고 어진 청년이었음을 느낄 수 있을 것이다.

부산이 고향인 종철은 2학년 2학기가 시작된 이후 줄곧 하숙을 했다. 부모님에게 경제적 부담도 덜어드리려 자취방을 구하려 했지만 부모님이 반대했다. 유치장 신세를 두 번이나 진 것이 밝혀진 마당에 부모님의 뜻을 어길 수는 없었다.

종철이 입주한 하숙집에 친구 성만이가 짐을 들고 찾아 들었다. 첫

날 밤을 지낸 후 아침에 눈을 뜬 성만은 놀라지 않을 수 없었다.

"군부파쇼 타도하자!"

서리가 하얗게 낀 창문에 손가락으로 써놓은 구호들…… 그리고 하루를 다짐하듯 묵묵히 창가에 서 있는 종철의 뒷모습. 종철은 창문에 구호를 쓰면서 하루의 일과를 시작하였다.

성만이 유치장 신세를 지게 되었다. 유치장 골방에서 오후의 무료함을 이기지 못해 지쳐 있던 성만에게 한 통의 편지가 왔다.

"힘들지? 꿋꿋한 마음으로 지내. 나오는 날 정문 앞에서 기다리마."

새벽 공기처럼 정신이 퍼뜩 들게 하는 글이었다. 벗에 대한 염려가 가득 배어 있는 편지가 꼬깃꼬깃 접혀 내의 안에 담겨 있었다. 성만은 가슴이 뭉클하였다.

괴물 같은 경찰서를 뒤로하고 유치장을 나오던 날, 성만은 경찰서 정문 앞에서 두 손을 마구 휘저으며 반가워하는 종철을 볼 수 있었다. 모두 잠들어 있는 새벽시간임에도 틀림없이 약속을 지켜준 친구가 너무도 고마웠다.

장터에 다녀온 엄마에게 코흘리개 아들내미가 달려들듯, 종철은 기쁨과 반가움을 신명나게 표시하면서 달려들었다. 종철의 반가운 몸짓, 그 흥겨움과 티 없는 즐거움에 익숙해진 성만도 종철에게 달려들었다. 종철은 보자기를 풀더니 잠바를 꺼내서 성만에게 입혀주었고, 성만은 쌀쌀한 새벽 공기에 놀란 몸을 동지의 사랑으로 덮힐 수 있었다.

o3 일어서는 사람들

1987년 2월 7일, 박종철 군의 추모제가 열린 날, 전국적으로 수십만 민중이 독재 타도를 외쳤다. 서울에서는 명동 출입이 아예 금지되었다. 정오경 시민들은 이미 곳곳에서 경찰과 싸우기 시작했다. 경찰이 아무리 최루탄을 쏘아대어도 대중은 흩어졌다가 다시 모이고, 다시 모여서는 폭력경찰에게 야유를 보냈다. 시민들은 경찰들과 싸우는 노동자·청년·학생 들에게 박수를 쳐주었다.

"내가 보고 나서 뺏든지 말든지 하라"면서 시민들은 전단을 빼앗으려는 전경들을 우습게 여겨버렸다. 경찰이 청년·학생들을 연행할 때마다 시민들은 '우우' 하고 야유를 보냈다. 민중이 일어선 것이다.

세운상가 등 여러 곳에서는 40~50대의 시민들이 경찰을 둘러싸 버렸다. 청년들을 연행하는 경찰을 호통 쳐 꾸짖었다. 시민들의 항의 때문에 경찰은 청년·학생들에 대한 불심검문을 제대로 못하였다.

"신세계백화점 앞에서는 (…) 연도에서 구경하던 200여 시민들도 「우리의 소원은 통일」이라는 노래를 함께 부르고, 신세계 앞 분수대에 몰려든 500여 시민들도 일제히 구호를 따라 외쳤다."(『한국일보』 1987년 2월 8일자) 두 시가 되자 버스를 타고 가던 승객들은 운전기사에게 경적을 울릴 것을 요구하고, 경적이 울리면 일제히 박수를 쳤다.

2월 7일, 가장 두드러진 것은 남대문시장 안의 정치집회였다. 일곱 시간 동안이나 계속된 집회에 민중은 적극 동참하였다. 남대문극장 앞 사거리에서 청년·학생들과 남대문시장의 영세상인, 점원, 짐꾼 등 시민들이 한데 어울려 집회를 가진 것이다. 청년·학생들이 연좌 농성하면 시민들은 열렬히 호응해주었다.

1987년 2월 7일 명동성당 앞에서 열
린 박종철 추모집회. ⓒ경향신문사

명동 길거리에서 연설을 하는 청년에
게 박수와 환호를 보내는 시민들.
ⓒ경향신문사

집회 도중 '장기집권 획책하는 고문정권 타도하자' 등 유인물 수천
장이 5,000여 시민들에게 배포되었다. 몇몇 청년들이 나와서 짧은 연설
을 하였다. 그 연설은 결코 웅변이 아니었으나 시민들은 많은 박수를
쳐주었다.

오후 4시 50분쯤 경찰이 남대문시장 안으로 밀고 들어와 청년·학생
들을 연행하려 하자, 부녀자들이 나서서 '함께 장사하는 사람'이라며
비호하면서 연행에 항의하였다. 경찰은 청년·학생들과 더불어 항의하
던 시민들까지 한꺼번에 50여 명을 연행했다. 그 후에도 집회는 계속되
었다. 오후 6시 30분부터는 모닥불을 피워놓고 농성을 하였고, 오후 8
시경에야 완전히 해산했다. 혹자는 이 남대문시장에서의 대중정치집
회를 '2·7투쟁의 꽃'이라고 불렀다.

이러한 '민중의 참여'는 부산 광복동, 광주 금남로에서도 마찬가지로 이루어졌다. 박종철의 고향 부산에서는 '고문 없는 세상에 살고 싶다'는 플래카드를 앞세우고 수만 명의 학생, 시민들이 줄기찬 시위투쟁을 벌였다. 그리고 잊을 수 없는 저 피의 거리 광주 금남로 역시 군부독재 타도를 부르짖는 학생, 시민들로 메워졌다. 또 그 외 지방에서도 많은 국민이 추도회에 참여했다. 6만여 명의 경찰이 동원되었다. 경찰은 전국에서 799명(서울 475명, 부산 181명, 전남 102명, 경남 17명, 강원 12명, 전북 10명, 대구 2명 등)을 연행했다고 발표했다.

o4 타는 목마름으로

조선왕조의 몰락 이후 선조들은 자주적인 독립국가 건설을 위해 일신을 바쳤다. 자주적인 독립국가란 일국의 의사를 자주적으로 결정하고 집행하는 국민국가를 의미한다. 그런데 이 '자주'보다 더 중요한 가치가 있다. 그것은 '민중의 창의'가 자유롭게 실현되는 사회이다.

동학농민들은 집강소를 통해 이를 실현하고자 하였다. 일제하의 독립운동가들이 사회주의를 지향한 까닭 역시 다른 데 있지 않았다. 민중이 주인 되는 나라를 꿈꾸었던 것이다. 민중의 생산활동을 존중하고 민중의 창의가 자유롭게 실현되는 사회, 그 사회를 민주사회라고 부르자. 민주주의라는 나무는 피를 먹고 자란다고 했다. 일제시대부터 1980년대까지 민주주의의 제단에 청춘을 바친 이들을 오늘의 청년들은 알고 있을까?

독립운동가 이재유가 1936년 『적기』에 기고한 바에 따르면, 1933년부터 3년간 검거, 투옥, 고문, 학살된 독립운동가가 자그마치 1만여 명이었다. 1930년대의 조선 인구는 2,000여만 명이었다.

박정희 정권과 전두환 정권 때는 어땠을까?

1974년 박정희 정권이 전국의 운동권 대학생들을 민청학련 사건으로 싹쓸이했을 때 검거된 자가 1,000여 명이었다. 1977년부터 1979년까지 긴급조치 위반 구속자가 300명 이상이었다. 1983년 전두환 정권이 감옥에 가둔 민주인사와 학생의 수는 1,000명을 넘어섰다. 1986년엔 7,250명이 검거되어 4,610명이 구속되었다. 이는 1985년에 비해 2.5배 증가한 것이었는데, 1930년대 초반의 구속자 수와 비슷한 수치였다.

1980년대의 한국 인구는 4,100여만 명이었고, 전국의 교도소는 30여 개에 불과했다. 1,000명이 구속되면 한 교도소당 30여 명의 정치범이 몰렸다. 교도소가 견디지 못했을 뿐 아니라 정치도 버티지 못했다. 그래서 1984년 전두환 정권은 유화 국면으로 전환할 수밖에 없었다.

그동안 많은 청년들이 술집에서, 자취방에서 흐느끼며 민주주의를 불렀다. 그렇게 김태훈이 갔고, 박관현이 갔으며, 황정하가 갔다. 시인은 예언자인가. "아직 동트지 않은 뒷골목의 어딘가/발자욱소리 호루락소리 문 두드리는 소리/외마디 길고 긴 누군가의 비명소리"(「타는 목마름으로」)와 더불어 우리의 박종철이 갔다.

1987년 1월, 우리는 더 이상 피해 다닐 수만 없었다. 다시 일어섰다. 정태윤, 최봉근 그리고 나는 박종철의 소식을 접한 그 순간 결의하였다. '살인강간 고문정권을 타도하기 위한 인천지역 노동자투쟁위원회'(이하 타도투위)를 결성하였다. 저만치 민주주의는 손짓하고 있었다. 2월 14일 우리는 이렇게 선언하였다.

정의를 사랑하는 꽃다운 나이의 청년 박종철 군이 고문정권의 마수에 죽어갔다. 또한 분노의 불길이 모든 계층, 모든 사람들 속에서 뜨겁게 치솟아 오르고 있다. 차마 입에 올리기조차 두려운 이 천인공노할 사실을 놓고 공장에서, 가정에서, 사무실에서, 학교에서, 전철과 버스 간에서, 술자리에서, 교회·성당·절간에서, 다방에서, 전 민중이 격분하고 있다. 놈들이 말하듯 이 사건이 '우연한 실수'에서 비롯된 것이라면, 또한 두 경찰의 충성심 과잉에서 저질러진 일이라면 우리는 이렇게까지 분노하지 않을 것이다. 그러나 그간 집시법·국가보안법 위반 등으로 구속되었던 수많은 민주노동자·학생·민주인사 들이 스스로 이렇게 당했다고 외쳐왔던 끔찍한 고문, 강간, 살인 사건 들이 하나같이 거짓 없는 사실이었음을 다시 확인하면서, 우리는 '우연한 실수'라고 입에 침도 바르지 않고 떠들어대는 이 전두환 군사독재정권이야말로 이러한 고문, 강간, 살인의 진정한 교사범이요 주범임을 밝히고자 한다.

이어 3월 1일 부천역 앞에서 시위를 감행하였다. 다시 투옥을 결의하고 시위를 이끌었다. 대중은 우리의 어깨를 떠밀어주었다.

"우리의 소원은 민주, 꿈에도 소원은 민주,

이 목숨 다 바쳐 민주, 민주를 이루자!"

부천역 광장에서 경찰들은 시민들에게 포위되어 쩔쩔매었다. 치솟는 민중의 함성에 완전히 주눅 들어버렸다. 부천경찰서의 한 경찰은 애걸했다. "여러분 이제 할 만큼 했지 않습니까? 제발 이제 그만 좀 들어가 주세요."

"폭력경찰 물러가라"고 우리는 꾸짖어주었다. 어찌나 쏘아댔던지 최루탄마저 다 떨어진 경찰들은 어쩔 줄 모르고 있었다. 우리는 당당하게 시민대회를 개최했다.

"딸기 먹고 힘내서 싸우세요!"

딸기장수 아저씨도 우리를 뜨겁게 성원했다. 용감하게 앞장선 노동자와 시민들의 입을 통해 부천서 성고문 사건 권 양의 진실이 외쳐지고, 성수동의 네 여성노동자들마저 보안대 놈들에게 또다시 강간당한 사실이 폭로될 때마다, 격분의 함성과 힘찬 박수가 터져 나왔다.

나는 수배 상태여서 당일 현장을 목격하지 못했다. 3,000여 군중이 호응했다고 한다. 대성공이었다. 시민들과 하나가 되는 싸움을 한 것이다. 우리는 기뻤다, 자신감에 찼다.

당시 거리시위라는 것은 아주 간단했다. 주로 학생들에 의해 이루어졌는데, 시위를 주도한 사람이 나오고 동원된 사람들이 나와 노래 한 자락 끝내기 전에 최루탄이 터져 대열이 무산되는 그런 식이었다. 당시 신문에서는 연일 일어나는 시위를 1단 기사로 처리했다. '어디에서 시위가 있었는데 몇 분 만에 진압됐다'는 내용이 주였다.

3월 1일 시위는 달랐다. 우선 모인 숫자가 달랐다. 3000명을 웃돌았다. 최루탄을 쏘면 흩어졌다 다시 모였다. 그전까지는 흩어지면 끝이었다. 또한 자발적 참여자가 보였다. 범상치 않았다.

낮에 시위가 잡혀 있을 때, 현장 노동자는 출근을 해야 하기 때문에 참여를 못한다. '타도투위'에서 행동지침을 내렸다. 박종철을 추모하기 위해 여성노동자는 머리핀, 남성노동자는 근조 리본을 착용할 것. 당시로는 '근조' 리본 같은, 표 나는 상징물을 착용하기 힘든 때였다. 머리핀은 누가 봐도 그냥 멋을 부렸다고 생각할 정도로 별거 아닐 수 있지만 이런 게 발전해서 정치파업이 가능해지는 것이다. 당시로서는 굉장히 놀랍고 감동적인 사건이었다.

박종철 어머니의 눈물. ⓒ조문호

o5 종철아, 잘 가그래이……

"여러분! 건강하고 씩씩하던 종철이가 고문으로, 일찍이 상상조차 해보지 못했던 그런 고문으로 단 몇 시간 만에 숨을 거두었습니다. 이 나라의 장래를 짊어지고 갈 인재들은 그렇게 죽여도 된다는 말입니까? 여러분! 싸우십시오. 우리 철이는 죽음 앞에서도 굴하지 않았습니다. 싸웠습니다. 저도 싸울 것입니다."(1987년 2월 21일 박은숙〔박종철 누나〕)

박종철 군의 49재가 3월 3일 서울에서 거행되었다. '고문 추방 민주화 국민대행진'이 열렸다. 사람들은 열십자 모양의 검은 반창고가 붙은 마스크를 착용하기도 하였고 풍선을 들기도 하였다. 소형 태극기가 시위에 등장한 것은 이때였다.

우리는 49재에 적극 동참하기로 계획을 세웠다. 대열이 명동성당으로 향하는 어느 지점에서 우리는 관을 들고 개입하기로 했다.

"마, 장례에서 관은 상징인기라. 우리가 관을 앞세워 대열 속으로 들어가는데, 누가 가만히 있겠노?"

전투계획을 설명하는 정태윤의 눈빛에서 광채가 부셨다. 그의 투쟁 기획을 들으면 가슴이 울렁이고 두 주먹을 불끈 쥐게 된다. 아마도 정태윤은 그의 인생에서 가장 찬란한 순간을 살았던 것 같다. 신들린 한 해였다.

이날 박종철 군의 가족은 부산시 사하구 괴정동에 있는 사리암에서 49재를 치렀을 뿐, 경찰들의 집요한 방해로 서울로 올 수조차 없었다.

"종철아, 잘 가그래이……"

어머님과 누나가 종을 치며 오열하는 사진은 전 국민의 가슴을 울렸다. 부산의 광복동에서도 시위가 터지기 시작했고 광주의 금남로에서도 시위가 일어났다. "고문 없는 세상에 살고 싶다"는 참으로 안타까운 구호가 모두의 마음을 하나로 결집해주었다.

민중이 투쟁에 동참하기 시작하였고, 주춤거리면서도 대열에 가담하였으며, 격려의 박수를 보내주고, 경찰의 폭력에 항의와 야유를 보내기 시작한 것은 매우 중대한 의의를 지닌다. 우리는 그 의미를 동물적 직감으로 알아차렸다. 1986년 5·3 사태 이후 몰아닥친 반동의 광풍, 숨죽이며 살아야 했던 압제의 어둠이 물러가기 시작했음을 알리는 신호였다. 그렇게 군부독재정권의 조종이 울리기 시작했다.

o6 고마운 어머니

신림동에서 25번 버스를 타고 교보문고 앞에 내려 다시 평창동 방향 버스를 타면 차는 청와대 근처를 경유하고, 세검정을 지나 북한산 쪽으로 달린다. 평창동엔 벗 박윤배가 살고 있었다. 윤배의 집은 지난 1980년대 내내 내 지하생활의 거점이었다. 수배자가 청와대 근처를 무시로 왕래하였으니, 그때마다 나는 묘한 스릴을 느꼈다.

1980년, 윤배의 어머님은 남편을 여읜 지 1년이 되지 않는 시점이었다. 당시 마흔여덟 살. 남편을 먼저 보낸 여인의 공허한 마음을 나는 몰랐다. 어머님은 아들의 친구를 자식처럼 사랑해주었다. 내가 김치찌개를 좋아한다는 것을 알고서 언제나 냄비 가득 찌개를 끓여주셨다. 가자미식해라는 함경도 음식을 맛있게 요리해주시기도 했다.

밤이 깊도록 어머니는 세상 살아온 이야기를 나에게 들려주셨다. 어머니는 함경도 원산에서 월남한 분이다. 윤배의 외할아버지가 원산초등학교 교장을 지냈으니 굳이 남한으로 내려올 이유가 없는 가정이었다. 유엔군 사령관 매카서가 원산에 원자폭탄을 떨어뜨린다는 이야기가 실제 퍼진 모양이었다. 원자폭탄이 떨어지면 모든 것이 폐허가 된다. 공산주의, 반공주의 가릴 게 없다. 무조건 살아나려면 원산을 떠나야 했다. 악으로 깡으로 배를 탔다고 한다.

아무 연고가 없는 부산에서 꿈 많은 처녀 시절을 시작하였다. 김정국 씨를 만나 혼례를 올렸다. 윤배의 아버지는 김일성을 비판하는 공산주의자였나 보다. 이주하가 김일성의 보복을 피하여 서울로 왔듯이, 아버지 또한 북한 공산당의 탄압을 피하며 남하하였다. 북에서도 환영받지 못하고 남에서도 환영받지 못한 불행한 경우가 남한의 사회주의자들이었다. 시인 김기림 등과 어울리며 회색인의 빈 마음을 술로 달래며 살았다. 1950년대 초반 시인 김수영이나 화가 이중섭이 들락거린 광복동 다방에서 윤배 아버님도 놀았을 것이다.

어머니는 생활력이 강한 분이었다. 재봉틀 몇 대를 놓고 만든 자수를 부산 자갈치시장에 내다 팔았다. 제법 돈이 모이자, 아들을 위하여 서울 평창동으로 이사를 왔다. 윤배는 서울고를 졸업하고 서울대 인문대에 입학하였다.

윤배를 처음 만났을 때 그는 철학과 교수들이 총애하는 철학도였다. 분석철학에 열심이었다. 만일 광주사태가 일어나지 않았더라면 그리하여 만일 내가 평창동을 들락거리지 않았더라면, 윤배는 우수한 성적으로 철학과를 졸업하고 미국 유학을 갔다 와서 지금은 철학 교수를 하고 있을 것이다. 인생의 흐름을 이렇게 뒤틀어버린 인연도 찾아보기 힘들 것이다.

1980년 그해 겨울을 윤배의 집에서 보낼 수 있었던 것은 나에게 큰 행운이었다. 루카치의 『역사와 계급의식』을 읽고, 레닌의 『국가와 혁명』 『좌익소아병』을 읽었다. 우리는 글이 너무 좋으면 바로 번역에 들어간다. 윤배, 기석, 남정, 요섭, 윤주, 경옥…… 윤배의 집은 젊은이들의 향연 자리가 되었다. 기타 치고 함께 노래 부르며 술 마시고 그리고 공부했다. 어느 겨울날 일어나 보니 천지가 눈으로 뒤덮였다. 우리는 북한산을 미친 듯 포효하며 누비고 다녔다.

1987년 3월, 망원동의 지하방으로 들어가기 전 나는 윤배의 어머님께 또 신세를 졌다. 어머님이 몇 가지 살림도구를 마련해준 덕택에 지하방에 살림을 차릴 수 있었다.

01 어둠의 끝

역사는 직진하지 않는다. 역사는 반동을 통과하면서 전진한다. 반동·압제가 승하면 민중은 가라앉는다. 시인 김수영이 갈피하였듯이 비를 몰아오는 동풍이 나부끼면 풀은 눕는다. 바람보다도 더 빨리 눕는다. 하지만 민중은 주저앉는 것이 아니다. 다시 일어선다. 바람보다 빨리 눕지만 바람보다 먼저 일어난다.

1789년 일단의 빠리 시민들이 바스띠유 감옥을 함락하던 날, 루이 16세는 사냥이나 하고 있었다. 여우 한 마리 잡지 못했다고 푸념하고 있었다. 자신의 발밑에서 세계사를 뒤흔드는 혁명이 일어나고 있는 줄 몰랐던 것이다. 전두환 역시 아무것도 몰랐다.

국민들의 민주화 요구가 점차 거세지고, 대통령 직선제 개헌논의가 활발하게 이루어지고 있었다. 전두환은 4월 13일 텔레비전을 통해 중대 발표를 했다.

"이제 본인은 임기 중 개헌이 불가능하다고 판단하고, 현행 헌법에 따라 내년 2월 25일, 본인의 임기 만료와 더불어 후임자에게 정부를 이

양할 것을 천명하는 바입니다. 이와 함께 본인은 평화적인 정부 이양과 서울올림픽이라는 양대 국가 대사를 성공적으로 치르기 위해서, 국론을 분열시키고 국력을 낭비하는 소모적인 개헌 논의를 지양할 것을 선언합니다."

우리는 즉각 「4·13 호헌선언과 우리의 대응」이라는 문건을 발간하였다. 그 일부를 읽어보자.

누구나 한국의 정치사에 있어 중요한 고비가 될 것이라 말하는 87년과 88년, 이 시기를 특징짓는 군부독재정권과 민중 간의 운명을 건 한 차례 대결은 바야흐로 본격적인 국면으로 접어들고 있다. 지난 4월 13일 발표된 전두환의 특별담화는, 그러한 정세가 전개되는 도상에서 특별한 의미를 가지고 있다. 그것은 단순한 호헌선언에 그치지 않고, 한판 대결에 임하는 군부독재정권 측의 입장과 결의의 표명이기도 하기 때문이다. 그들이 감히 정면 대결을 성급히 선언하고 나섬으로써 결전의 시간이 다가오고 있음을 말하고 있다.

권력이란 인간관계의 총화이다. 국민의 동의, 신임 위에서 권력은 성립한다. 아무에게도 동의를 구하지 않고, 제 마음대로 대통령을 자임한 이가 입에 침도 바르지 않고 헛소리를 지껄여대던 시절이었다. 국민의 인격을 개×으로 알던 천상 독재자였다. 우리는 종이 아니다. 뒤틀리면 엎어버리는 민중이었다.

현행 헌법을 고치지 않겠다는 4·13 호헌조치가 나오자 반박 성명서들이 줄을 이었다. 4월 13일 대한변호사협회는 "4·13 조치는 국민을 우롱하는 처사"라며 반대했다. 4월 14일에는 한국기독교교회협의회와 김수환 추기경이 호헌조치를 반박하고 나섰다. 김수환 추기경은 강연

미사에서 "개헌에 대한 국민의 기대가 깨져 가슴 아프다"고 했다.

이어서 대학교수, 사회단체, 문화계 인사 들이 시국성명서를 발표하였다. 이들은 4·13 조치를 철회하고 즉각 개헌작업에 다시 나서라고 주장했다. 성명서 발표에 이어 학생을 필두로 노동계와 재야단체들까지 가세해 적극적인 반대시위에 나섰다.

4·13 호헌선언에 대한 반대 여론이 각계각층으로 번져갔다. 국민배우 안성기도 감히 반대 선언을 했다. 국민가수 조용필도 반대 선언을 했다. 국민 바둑기사 조훈현도 반대 선언을 했다. 양심적인 교수들이 시대정신을 대변하는 것은 당연한 일. 반란의 물결은 전국 방방곡곡으로 퍼져갔다. 다시 한 번 역사는 반동의 바람을 타고 노고지리 비상하듯 하늘로 솟구쳤다.

o8 고문 살인범은 감옥에 없었다!

1987년 5월 천주교정의구현사제단은 박종철 고문사건이 축소 은폐됐다는 사실을 폭로했다. 교도소에 수감 중이던 고문 경찰관은 고문 경찰관이 아니었다. 박종철을 죽인 진짜 고문 살인범은 감옥 밖에 있었다. 5월 18일 저녁 명동성당에서 열린 광주항쟁 7주년 기념 추모미사 뒤 김승훈 신부가 박종철 사건의 진상이 조작되었다는, 폭탄 같은 성명을 발표한 것이다.

"박 군을 고문해 죽음에 이르게 한 진짜 범인은 현재 구속 기소되어 재판에 계류 중인 조한경 경위와 강진규 경사가 아니라 학원문화 1반 소속 황정웅 경위와 반금곤 경사, 이정호 경장 등 세 명으로 현재 경찰관 신분을 그대로 유지하고 있다"고 김 신부는 밝혔다.

고문조작을 폭로하는 김승훈 신부.
ⓒ박용수

　호헌선언으로 부글부글 끓고 있던 상황에서, 박종철 고문치사 축소
은폐 조작 사건은 기름에 불씨를 던진 격이었다. 6월 10일 규탄대회가
열리고 이것이 바로 1987년 6월 항쟁으로 이어진다.

　유인물을 뿌려보면 군중의 마음을 안다. 가리봉역이나 구로역에서
유인물을 뿌리면 혹여 좌경용공 세력의 불순한 행동이 아닌가 의심하
던 시민들이 이제 격려의 눈빛을 보냈다. 수고한다는 눈인사 말이다.

　하여간에 민정당이라는 당명처럼 우리를 구토하게 하는 이름도 없
었다. 무고한 시민들을 몽둥이로 총칼로 죽인 집단이 민주정의당이었
다. 이런 자들이 자기들 맘대로 대통령 후보를 선출하는 전당대회를 6
월 10일에 잡았다. 세계사적인 코미디였다. 반동이 벌이는 소극(笑劇)
은 분노의 불길에 장작을 집어넣어 주었다. 갈 때까지 가자는 것.

　5월 27일 민주헌법쟁취국민운동본부(이하 국민운동본부)가 결성되었

다. 국민운동본부에는 민주통일민중운동연합(민통련)과 종교단체, 노동계와 학생운동 그리고 통일민주당 등 각계각층의 민주세력이 모두 참가했다.

국민운동본부의 결성으로 전두환 정권에 저항하는 모든 민주세력의 결집이 가능하게 되었다. 특히 국민운동본부에는 시련 속에서 성장해 온 민중운동단체들이 대거 참가함으로써 6월 항쟁에 각계각층의 모든 세력이 참가할 수 있는 조건을 마련했다. 국민운동본부의 결성으로 민주화를 향한 드높은 함성이 시작되기에 이르렀다.

1987년 6월 10일 오전 열 시. 서울 잠실체육관에서는 민정당 전당대회가 열렸고 노태우 대표를 차기 대통령 후보로 선출했다. 같은 시각 대회장 밖, 전국 22개 도시에서 '고문살인 은폐 규탄 및 호헌 철폐 국민대회'가 열렸다. 국민운동본부 주최로 열린 이 집회에는 전국에서 24만여 명(국민운동본부 집계)이 참가한 가운데 "독재 타도 호헌 철폐"를 외쳤다. 거센 역사의 소용돌이가 시작되는 순간이었다.

6월 10일의 집회를 앞두고 국민의 행동요강까지 상세하게 알렸다. 이날의 행동요강은 ① 전국의 자동차는 대회 당일 오후 여섯 시 정각 애국가가 끝남과 동시에 경적을 울리고 ② 전국의 교회와 사찰은 타종하여 민주헌법 쟁취를 위한 국민적 의지를 표시하고 ③ 모든 대회 참가자는 태극기를 지참하고 대회장에 나오도록 했다.

"더 이상 못 속겠다. 거짓정권 물러나라" "행동하는 국민 속에 박종철은 부활한다" 등 네 종의 대회 표어도 공개했다. 대회 명칭도 '고문살인 은폐 규탄 및 호헌 철폐 국민대회'로 최종 결정했다.

경찰의 원천봉쇄에도 불구하고 집회가 강행되었다. 집회가 봉쇄되자 시민과 학생 들은 시위에 나섰다. 전국에서 동시 다발로 진행된 집회와 시위로 경찰의 저지선도 무너졌다. 서울의 30여 곳에서 동시 시위가 전개됐고, 전국 곳곳에서 시위가 벌어졌다. 서울 도심에선 차량들이 '규탄 경적'을 울렸다. 광화문 일대에서 차량 수백 대가 동시에 10여 분 경적을 울렸다. 시민들은 '우리의 소원은 민주'를 합창하였다.

다른 지역도 마찬가지겠지만 특히 부산의 열기는 대단했다. 데모하는 사람이 계속 늘어나자 부산지역 전경들은 탈진할 정도였다. 부산에선 광복동 중심가에 시민들이 운집하였고, 민정당사와 KBS 건물에 투석하였다. 광주에서도 시민 약 5,000명이 미문화원 앞으로 몰려가 전경들과 격렬히 충돌하였다. 경찰은 이날 전국에 걸쳐 3,800여 명을 무차별적으로 연행했다.

서울 집회와 시위에 참가했던 학생·시민 등 600여 명이 명동성당으로 모여 농성에 들어가면서 상황은 새롭게 발전해갔다. 서울에서는 명동성당을 중심으로 매일 집회와 시위가 전개되었고, 이른바 '넥타이 부대'로 불리는 사무직 노동자들이 움직이기 시작했다.

넥타이를 맨 사무직 노동자들이 대거 시위에 합류하게 되면서 정부는 민의를 거스를 수 없음을 실감하기 시작했다. 학생들이 주도한 시위에 일반시민들이 열렬히 응원하고 가세하는 현상이 증폭됐고, 시민들이 전경에게 끌려가는 학생들을 구해주거나 숨겨주었다. 또 음식을 나르고 최루탄을 쏘려는 전경들에게 거센 항의를 하는 모습은 이제 낯선 것이 아니었다. 명동성당은 이후 민중항쟁을 지속시키는 근거지가 되었다.

전두환 대통령은 6월 14일 안보 관계 장관회의를 소집했다. "경찰력으로 더 이상 감당할 수 없으면 헌법상 대통령에게 부여된 권한을 발동할 수밖에 없다"면서 군 출동 준비를 지시했다.

6월 18일에는 다시 전국에서 국민운동본부 주최로 '최루탄 추방대회'를 열었다. 이날 밤 서울, 광주, 부산, 대전, 대구 등 전국의 대도시

중심부를 시위군중이 장악했다. 곳곳에서 파출소가 습격당하고 고립된 전경들이 무장해제당하는 사태가 속출했다. 경찰력이 한계에 몰리고 있었다.

6월 19일에도 시위는 계속되었다. 이제 전두환 정권으로서는 군을 투입하든지, 아니면 물러서서 국민의 요구를 수용하든지 선택해야 할 기로에 섰다. 오전에 청와대에서 군 고위회의가 열렸다. 비상조치를 전제로 한 군대 파견계획을 점검하는 자리였다. 전두환은 다음 날 새벽 네 시까지 군대가 모두 목적지로 이동하도록 지시하였다.

연세대 이한열이 시위 도중 최루탄에 맞아 사경을 헤매는 소식이 마음을 아프게 했다. 고문으로 죽은 박종철에 이어 최루탄에 맞아 피 흘리는 이한열의 생생한 모습은, 일반 국민들에게 다시 한 번 큰 충격을 주었다. 이런 정권을 더 이상 용납할 수 없다는 국민적 공감대는 6월 26일 '평화대행진'의 엄청난 인파로 증명됐다. 국민운동본부의 집계에 따르면 180만 명의 국민들이 참가해 '독재 타도'를 외쳤다.

o9 최후의 전투

6월 들어 전경대들은 시위대에게 완전히 밀렸다. 예전엔 전투경찰이나 백골단의 공격을 피해 다니면서 시위를 하였다면, 이제 전경대들이 시민들에게 포위되는 상황이 연출된 것이다.

역사에서 '수'는 중요한 것이다. 500명의 시위대가 1,000명의 전경들에게 밀렸던 것이 바로 몇 달 전의 일이었다. 이제 1,000명의 전경들이 1만 명의 시위대열에 에워싸여 버렸다. 시위대오는 전경들이 쓰는 '바가지'를 벗겨 쓰고 다녔다. 전경들이 불쌍해지기 시작했다.

나는 좀이 쑤셔 지하상황실을 지킬 수 없었다. 거사가 있기 전까지 거사에 쓸 유인물을 제작, 보급하는 일이 나의 주임무였다. 종로5가 어느 인쇄소에서 값을 비싸게 치르고 비밀리에 인쇄했다. 일반 인쇄비에 세 배를 주었던 것 같다. 거사일이 되면 나는 어느 후배집 전화통 앞에 앉았다. 지금처럼 휴대전화가 없던 시절이라 대오가 흩어지면 찾을 길이 없었다. 그러면 흩어진 대오를 다시 불러 모으는 연락 상황실이 나였다.

"부평역 앞에서 청자 500개를 팔고 있음"이라고 전화가 오면, "제2 데이트 장소는 시장통"이라고 지시하는 식이었다. 걸려온 전화는 부평역 앞에 전투경찰이 500명 정도 있다는 것이었고, 내 답신은 시장통으로 옮겨 시위를 하라는 것이었다.

6월 26일 나는 직접 부평역 광장으로 나갔다. 부평역 광장에서 '인천지역민주노동자연맹'(이하 인민노련)의 창립선언문을 낭독하였다. 1988~89년의 노동운동을 이끌어갈 노동자의 정치조직 인민노련은 투쟁의 광장에서 그 모습을 드러낸 것이다.

그날 김상준이 대오의 맨 앞에서 대열을 선동하고 있었다. 부평경찰서 서장은 나에게 다가와 전경들을 두들겨 패지 말아달라고, 방패와 투구를 빼앗지 말아달라고 사정하였다. 우리는 약속을 지켰다. 신나는 행렬이었다. 부평역에서 백마장을 지나 청천동으로 5만여 시민들이 우리의 지휘를 따라 행군하였다.

신동엽과 김수영 시인이 1960년 4월에 보았던 '하늘'을 나는 그때 보았다. 너무 도취하였을까? 대우중공업 모 해고자는 '부평을 해방구로!' 악쓰고 다녔다.

날이 어두워지기 시작하였다. 프로그램도 없었다. "호헌 철폐, 독재 타도" "고문 없는 세상에 살고 싶다" "살인 강간 고문 정권 타도하자"

6·26 평화대행진에 참가한 시위군중.
ⓒ 경향신문사

악쓰고 다녔다. 밤 열두 시가 다가오는 줄 몰랐다. 내일 출근해야 하는 노동자, 일상생활로 돌아가야 하는 시민들은 집으로 돌아가고 우리들만 남았다.

1,000명의 대오가 청천동에서 효성동으로 가는 사거리에서 포위되었다. 느닷없이 밤의 정적을 깨고 최루탄이 터지기 시작하였다. 둘러보니 사방에서 누군가 우리를 조여오고 있었다. 분명한 것은 전투경찰은 아니었다는 사실이다. 군홧발을 맞추며 진군하는 그들은 군인이든가 아니면 특수부대원들이었다.

나는 수배자였다. 여기서 잡히면 죽는 거였다. 후다닥 청천동 골목길로 뛰었다. 내 뒤로 네댓 명이 따라 달려왔다. 철조망이 나타났다. 그냥 철조망이 아니라 '나팔꽃 철조망'이었다. 철조망을 잡았다. 손에 가시가 푹 들어갔다. 다시 철조망을 오르니 가시가 손에 푹푹 박혔다. 예수님이 떠올랐다. 나팔꽃 철조망은 넘어가기 어려운 것인데, 우리들은 이내 철조망을 넘어서고 있었다. 보니 건너편은 군부대였다. 넘어가면 독 안에 든 쥐가 되는 셈이었다. 나는 몸을 뒤로 떨어뜨렸다. 이때 철조망이 오른발을 긁었다. 어둠 속을 더듬거렸다. 창고가 보였다. 마지막숨을 곳은 이곳뿐이었다.

군부대에서는 싸이렌을 울리기 시작했다. 외부인이 침입한 것이다. 그때 누군가 여럿의 발소리가 들려왔다.

"잡아라, 잡엇!"

지휘자의 명령 소리를 가까이에서 들었다. 창고를 더듬으니 세숫대야가 잡혔다. 구석으로 몸을 숨기고 배 위에 세숫대야를 얹었다. 누군가 내가 숨은 창고 앞에 섰다. 몽둥이로 무턱대고 찌르기 시작했다. 세숫대야가 몽둥이를 맞이하였다. 그는 발걸음을 돌렸다.

골목길을 빠져나가는 그들의 뒷모습을 보고선 잽싸게 자리를 떴다.

아무 집이나 대문을 두들겼다. 집주인은 시위대를 감싸주어야 한다는 시민의식을 갖추고 있었다. 문간방에 들여 재워주었다. 최루탄 냄새가 난다고 파자마로 갈아입혀 주었다.

새벽에 나는 망원동의 지하방, 아내와 아들이 사는 곳으로 돌아왔다. 두 손은 가시에 찔려 피범벅이었다. 바지를 올려 보니 그때서야 깊은 상처가 보였다. 내가 힘들 때 아내는 모성애를 발휘하곤 하였다. 붕대로 상처를 감아주었다. 갓 두 살을 넘어선 아들이 이 장면을 보았다. 아이는 아버지의 상처와 상처를 감아주는 어머니의 모습이 부러웠던 모양이다. 어쩌면 영웅적으로 보였는지도 모른다. 녀석도 이후 손에 상처가 나면 자랑스럽게 어머니에게 붕대를 요구하였으니 말이다.

6월 민주대항쟁의 모습은 그 누구도 전모를 전할 수 없다. 너는 부산에서 나는 인천에서 그는 광주에서 그녀는 서울에서 각자의 체험만을 증언할 수 있을 따름이다. 그날의 전국 상황을 알고 있는 자는 오직 신문이다. 다음은 『동아일보』 6월 28일자 기사의 일부이다.

6월 26일 밤 아홉 시경 광주 금남로 4가 중앙교회 앞에서 유동삼거리에 이르는 도로에는 시위대와 군중 등 25,000여 명이 집결했다. 사직동 일대에 25,000여 명의 시민이 모여 '독재 타도 민주 쟁취' '광주시민 대동단결'의 구호를 외치며 시위를 벌였다.

6월 27일 광주 도심에선 경찰차를 불태웠다. 27일 새벽까지 사직동 서현교회 일대와 금남로 4, 5가에서 계속됐다. 지난 80년 이후 최대의 군중이 거리로 나온 광주시내 시위는 27일 새벽 다섯 시경 중앙로 서현교회 앞에 남아 있던 300여 명이 해산하면서 끝났다.

6월 26일 부산 서면로터리에서 시청 앞까지 도보 행진할 계획이었던 부산시민대행진은 경찰의 강력한 저지로 무산됐으나 한때 최고 4만여 명까지 이른 시민 학생들이 27일 새벽 두 시까지 시내 곳곳에서 시위를 벌였다.

마산 시민들은 올림픽 선전탑을 불태웠다. 여수 시민 7,000명이 경찰과 몸싸움을 벌였다. 대구 명덕로터리에선 새벽까지 시위가 계속됐다. 서울역 광장에선 시민들이 연좌시위를 하였다. "독재 타도, 민주 쟁취"를 외쳤다.

10 오늘처럼 좋은 날

미국은 혁명을 싫어했다. 6월 29일 청와대는 마침내 민중의 요구에 굴복하였다. 대통령 직선제 개헌, 김대중 사면복권, 시국사범 석방 등을 내용으로 하는 이른바 6·29선언은 민중의 힘에 굴복한 항복선언이었다. 이렇게 전두환 군사독재집단이 물러갈 줄 우리도 몰랐다. '오늘처럼 좋은 날'을 기뻐하며 서울 시민들은 막걸리를 공짜로 나눠 마셨다.

시민들은 우리들을 존경했다. 당신들이 데모하고, 감옥으로 끌려가고, 공장에 들어가고, 그러다 고문당하고, 죽고 하여 마침내 우리 민중이 민주주의를 누릴 수 있게 되었음을 시민들은 알고 있었다.

나는 망원동의 지하방에서 올라와 바깥의 맑은 바람을 쏘일 수 있었다. 제일 먼저 보고 싶은 이는 어머니였다. 그 어떤 형사들의 공갈에도 넘어가지 않고, 아들이 가는 길을 자랑스럽게 보아주었던 어머니, 서울의 신림동 빈민촌에 거주하고 있을 것으로 알았던 어머니가 형사들의 등쌀을 피하여 이주해 살고 있던 곳은 다름 아닌 모래내의 상암동이었다. 상암동과 망원동은 택시로 5분 거리.

내가 결혼을 하고 어머니로부터 분가하기 전, 어머니는 내가 예비군 훈련을 거부할까 봐 안달이었다. 방위병이 예비군 통지서만 놓고 가면, 어머니는 행여 내가 훈련 빠질까 봐 사방으로 연락하고 예비군복을 챙기고 도시락을 싸시면서 법석을 떠셨다. 어머니는 권력에 대한 민중의 맹종관을 나에게 그대로 가르치셨다.

"엄니, 너무 떨 필요 없어요. 의연하게 삽시다."

"관의 지시를 어기고선 편히 살 수 없는 법이다."

어머니의 마음엔 권력이 바윗덩어리처럼 강력하고 고정불변한 사물로 자리 잡고 있었던 것이다. 권력에 대한 맹종이 어머니에게는 현실을 살아가는 지혜였다.

우리는 어머니로부터 정신의 맥을 물려받는다. 의식하지 못한 채 어머니의 정신은 우리의 내면을 형성한다. 어머니의 '권력에 대한 맹종'은 사실 우리 모두에게 공통된 속성이다. 신성하지 않은 권력이 신성한 것으로 보이고, 우리는 권력을 그렇게 예우한다.

권력이 어떤 망나니짓을 해도 그것은 강력한 것이기에 함부로 대들 생각을 해선 안 된다는 것, 권력이 설령 나의 이웃을 살해하더라도 그렇게 해서 초래된 불행은 우리 민중의 타고난 운명으로 체념해야 한다는 것 — 이런 따위의 권력맹종관이 오늘 우리에게 주입되어 있다.

하지만 특정의 정치권력이 아무리 막강할지라도 이 세상에 영생을 누리는 생명체가 없듯이, 그것은 '생성하여 변화하고 소멸하는 만물의 운동법칙'에 지배받을 수밖에 없다. 특히 그 권력이 일하는 사람들의 입에 재갈을 물려 놓아야 유지되는 권력이며, 국민을 통곡케 하는 고문 살인을 일삼는 권력이라면, 그것의 수명은 결코 창창할 수 없다.

1987년 6월은 우리 역사 5,000년에서 가장 찬란한 날로 기록될 것이다. 전국의 모든 도시에서, 서울에서 제주도까지 온 국민이 하나 되어

"독재 타도"를 합창하였다. 우리 세대는 이날 역사의 주인으로 활동한 것 하나만으로 행복해야 한다.

모든 민란은 잔혹하게 짓밟혔다. 위대한 3·1 운동도 총칼에 짓밟혔다. 광주는 처절하게 학살당했다. 4·19는 승리하였다. 그러나 4·19는 학생들의 의거였다. 역사의 주인 민중이 역사 창조의 주역으로 등장하여 그들의 뜻을 관철한 것은 1987년 6월이 처음이다.

1987년 6월 항쟁은 1919년 3·1 만세운동과 맞먹는 거국적 국민 항쟁이었다. 그날 자주독립국가를 갖고 싶다는 민중의 서원(誓願)은 오랜 세월 잠복하다가 6월 항쟁에서 용출하고 있었다.

지금 생각해보면, 1987년 6월은 우리가 꿈꾸는 혁명의 시절이었다. 우리는 혁명이란 무엇인가를 책에서만 봤지 현실에서 본 적은 없었다. 6월 항쟁이 끝나고 나서야 이런 게 혁명적 상황이로구나 하는 생각을 뒤늦게 하게 된 것이다. 그만큼 엄청났고 감격적인 순간이었다.

중세 이후 유럽의 역사를 훑어보면 거의 모든 중요한 역사적 사건의 한 중심에 프랑스가 서 있다. 1789년 프랑스 시민혁명은 유럽의 보수적 지질구조를 뚫고 나온 '자유와 평등'의 화신이었다. 이어 일어난 1848년 2월 혁명은 다시 한번 유럽의 역사를 진보의 방향으로 이끌었다. 그 해, 영국의 노동자들은 참정권 쟁취운동(차티스트 운동)을 절정으로 끌어올렸다. 맑스와 엥겔스 두 청년이 공산주의운동의 개시를 선언한 해가 1848년이었던 것도 결코 프랑스의 2월 혁명과 무관하지 않았으리라. 러시아의 혁명운동가들 역시 프랑스혁명에서 그들의 교과서를 구하였다. 맑스의 공산주의운동의 그 역사적 뿌리가 1789년 프랑스혁명에 있었다.

아직도 세계사는 프랑스혁명에서 자유롭지 않다. 빠리의 가난한 노동자들이 주도한 프랑스혁명, 그들이 내건 자유와 평등과 박애의 슬로건은 20세기의 세계사를 이끈 '세계 정신'이었다. 20세기의 세계사를 움직인 구호가 '자유와 평등'이었다면 그것의 한국적 실현이 바로 6월 항쟁이었다.

여기에서 유럽의 민주주의운동과 한국의 민주주의운동을 비교해보면 재미있는 생각들이 많이 떠오른다.

1894년 동학농민전쟁과 1789년 프랑스의 농민반란 중 어느 편이 더 심도 깊은 사회적 전쟁이었을까? 1987년의 6월 항쟁과 1968년 유럽의 학생운동 중 어느 편이 더 대중적인 항쟁이었을까?

전문적인 판단은 역사가에 맡기자. 500만 명이 궐기한 6월 대항쟁은 세계사에서도 그 유례를 찾아보기 힘든 대중적 항쟁이었음을 나는 감히 강조하고 싶다.

1894년 동학농민전쟁, 1919년의 3·1 만세운동, 1929년의 광주학생 항일운동과 원산 노동자총파업, 1948년 제주도의 4·3항쟁, 1960년의 4·19 학생의거, 1979년의 부마민중항쟁과 1980년 광주민중항쟁, 그리고 1987년 6월 대항쟁. 우리의 현대사를 가장 정확하게 표현해주는 한 단어를 찾으라면, 그것은 '파란만장한 대서사시', 이 한 단어일 것이다.

인간의 역사에서 인간의식이 담당하는 역할에 대해 무어라 말해야 할지, 아직도 어렵다. 역사의 진행 경로를 충분히 파악하였고, 그 의식의 가르침대로 실천하였다고 자부하기엔, 우리의 실천은 오류투성이였다.

적어도 1987년 6월 대항쟁에 국한하여 따져볼 때, 우리는 그렇게 많은 '이름 없는 시민들'이 역사의 주역으로 일어설지 몰랐다. 우리의 청사진에 따르면, 군부독재의 퇴진은 노동자의 봉기 이후에 일어나야 하는 정치적 사건이었다. 그런데 역사는 우리의 청사진을 비웃어버렸다. 전두환 군부독재가 퇴진하고 나자, 1987~88년 노동자의 대파업이 발생한 것이다.

돌이켜보면 역사의 행로를 결정하는 과정엔 인간의 머리로는 다 헤아릴 수 없는 많은 우연이 개입한다. 박종철의 자기희생은 그 대표적 경우였다. 누구나 들어가면 개가 되어 항복하는 고문의 법칙을 그는 찢어버렸다. 그리고 새로운 역사를 열었다. 역사의 강물은 기존의 수로를 벗어나, 새로 뚫린 물꼬를 따라 흐르기 시작한 것이다.

그렇다고 인간의 역사가, 물방울을 떨어뜨리면 어디로 흐를지 예측할 수 없는 손등이라고 말하고 싶진 않다. 여전히 역사에서 '수'의 의미는 결정적으로 중요하다. 물방울이 바위를 뚫을 수 있다! 단, 여기에는 한 가지 단서가 필요하다. 셀 수 없이 반복되는 횟수이다. 이것 없이 물방울은 바위를 뚫지 못한다.

권인숙은 한 명의 위장취업자였다. 위장취업자 한두 명의 힘으로 군부독재를 물러서게 할 수 없었다. 한 두 명이 아닌 수 만 명의 위장취업자가 출현하자, 위장취업자의 물결은 사회를 바꾸는 의미 있는 힘으로 등장하였다. 물론 역사를 바꾸는 힘이 되기엔 이 수로도 부족하였다. '진실한 사랑을 할 때만 피어나는 사랑의 장미 일백만 송이'가 필요하였다. 이한렬의 장례식은 바로 이 일백만 송이 장미의 퍼레이드였다.

어둠은 간다. 그런데 역사의 새벽은 자연의 새벽과 달리 그것을 호명하는 이에게 온다. "타는 목마름으로" 호명하는 이들 말이다.

어둠이 가고 새 날이 시작되는 것이 대자연의 순리이다. 하지만 인간의 역사가 어디서 와서 어디로 갈 것인지 예측하는 문제 앞에서만큼은 겸허하자. 인간 역사의 풍부한 생명력을 누구의 머리로 재단할 수 있단 말이냐?

말할 수 있는 것은 흘러온 과거에 대해서이다. "사랑도 명예도 이름도 남김없이" 살자고 맹세한 우리들이었지만, 청춘의 뜨거웠던 약속은 식어가고 있다. 더러는 자식들 키우느라 애태우며 사는 그야말로 평범한 소시민이 되어 있기도 하고, 더러는 사랑하고 결혼하는 일마저 놓치고 지금은 풀벌레 소리 들리는 곳에서 인생의 뒤안길을 쓸쓸하게 보내는 벗들도 있다.

박기순, 윤상원, 박종철, 이한렬…… 역사가 너무 사랑하여 일찍 데려간 넋들도 있고, 아직도 역사의 수레바퀴를 미느라 수고하는 이들이 있다.

온 국민이 하나가 되어 역사의 물줄기
를 바꾼 6월 항쟁. '우리의 소원은 민
주, 꿈에도 소원은 민주' ⓒ박용수

글을 맺으며

지난여름 중국을 방문하였다. 뻬이징 출판사에서 일하는 모 편집자를 만났다. 간밤에 한국 드라마를 보느라 잠을 설쳤다면서 눈을 비볐다. 그는 한국 여배우들이 왜 그리 한결같이 예쁘냐면서 우리의 첫 만남을 부드럽게 풀어주었다.

그는 1989년 대학을 다닌 이른바 '천안문 세대'였다. 그는 진심으로 중국의 민주주의를 갈망하였다. 중국 공산당의 일당독재로부터 자신의 삶을 간섭받고 있었다. 그는 당원이었는데, 나에게 탈당하고 싶은 심정이라고 자신이 놓인 부자유의 처지를 호소하였다. 나는 그렇게 말하였다.

"언젠가 중국의 인민들도 자신의 정치적 자유를 위하여 일어설 것입니다. 이것은 역사의 필연입니다."

순간, 그 필연을 실현하기 위해 몸부림쳤던 20년 전의 젊은 시절이 떠올랐다. 우리는 민주주의혁명을 이루기 위하여 미쳤고, 온몸을 바쳤다. 혁명은 이루어지지 않았다. 어찌 보면, 1987년 6월 항쟁과 이어지는 군부의 퇴진은 대결하는 두 세력이 타협한, 일종의 명예혁명이었다. 더 이상의 유혈은 없었다. 6월 항쟁, 그것은 혁명은 아니었으나 민주주의혁명의 한국적 경로였다.

이야기는 여기에서 마감하자. 그리고 이제 다시는 어머님께 효도할 수 없는 박종철 열사에게 꽃 한 송이를 바치자. 그의 앞뒤로 수많은 청춘들이 산화해갔지만, 그의 죽음은 한반도를 뒤흔든 역사적 사건의 불꽃이었다.

"무릎 꿇고 사느니보다 서서 죽길 원한단다, 우리들은 정의파다."

그렇게 우리는 살았다. "전두환은 해볼 수 있어도 미국은 이기지 못한다"는 장인어른의 말씀이 지금도 생생하다. 전두환의 퇴진은 사실상 미국의 굴복이었다. 박종철은 갔지만 그의 이름은 영원할 것이다. 우리 민중의 가슴 속에.

젊음이여, 오래 거기 남아 있거라

초판 1쇄 발행 • 2007년 6월 1일
초판 4쇄 발행 • 2022년 12월 22일

지은이 • 황광우
펴낸이 • 강일우
책임편집 • 유용민
펴낸곳 • (주)창비
등록 • 1986년 8월 5일 제85호
주소 • 10881 경기도 파주시 회동길 184
전화 • 031-955-3333
팩시밀리 • 영업 031-955-3399 편집 031-955-3400
홈페이지 • www.changbi.com
전자우편 • human@changbi.com

ⓒ 황광우 2007
ISBN 978-89-364-8234-3 03910